理解

现实

困惑

轻度
PSYCHOLOGY

UNDER GLASS:
A LIFE WITH ASPERGER
SYNDROME

小孩佩卡

与阿斯伯格同行

[芬] 赛拉·塞波（Saila Seppo） 著
吴彤 杨静 译

自序

家里那对生龙活虎的双胞胎满一周岁了。孩子们的生日派对变得越来越混乱，这几乎让我抓狂。家里吵闹声不断，果汁洒得遍地都是。至于我是怎么熬过那一天的，我都记不清了，只记得第二天在家里休息了一整天，才恢复元气。对于有孩子的家庭来说，这样混乱的场景可能并不陌生。而我的家庭比较特殊，我的一个儿子，佩卡，有阿斯伯格综合征。在这本书中，我决定将佩卡的成长历程记录下来，同时也记下孩子们在成长过程中的喜怒哀乐。我们的小家庭因为佩卡而更加充实。

我年轻时在一所私立学校读书，很早就结婚了。我和丈夫有5个孩子。我很享受现在拥有的生活。我5个孩子中最大的是安蒂，今年二十一岁，而最小的双胞胎今年刚一岁。能够成为他们的母亲，我倍感荣幸和感恩。

目录

01 迎接

出生
002

家庭
004

大哥哥
011

满一岁
016

两岁时的无所畏惧
028

奇怪的三岁小孩
031

手忙脚乱的时候
041

游戏
051

02 上学

准备上学
064

学校
076

繁忙的日子
089

判断失误
104

派对狂欢
120

兔子的故事
132

转学
143

放手
163

03 青春期

不安与担心
176

毕业
184

搬家
190

测试，测试
205

欺凌和其他事
215

双胞胎
224

合适的学校
227

梦
234

附录
什么是阿斯伯格综合征？
239

01
迎 接

出生

我们的大儿子满三岁后,我和丈夫商量决定再要一个孩子。经过漫长的尝试和等待后,还是没有任何怀孕的迹象。妇产科医生向我保证,我们的身体条件是完全可以怀孕的。几年过后,某年的一月,我感觉身体不适,总是特别疲惫。当时我在银行工作,以为是工作压力引起了身体上的反应。等到我去看医生后,才知道原来自己怀孕了。

就这样,我怀上了我们的第二个孩子,佩卡。他是我们家庭里很特别的存在,也是占据了我最多精力的一个孩子。

预产期过了 10 天,我的肚子还没有动静,于是我就住进了医院。护士给我打了一剂无痛针后,羊水终于破了,我被推进了产房。几个小时后,佩卡出生了。整个生产过程中,我的丈夫都在身边陪着我,这次似乎比头胎要顺利很多。我还记得生第一胎的时候,经历了整整 24 个小时的折磨。当时,我看着刚刚出生的佩卡,内心的幸福感都快要溢出来了。当天晚上,我老公把安蒂带过来看我,我们的小家庭在病房里相聚了。

家庭

婚姻对于我而言意味着什么呢?首先,它意味着信任,夫妻之间完全信任对方。这样的信任是不允许背叛的。婚姻就是夫妻双方达成约定,一起商量把家具放在哪里,商量在哪里买房子。重点是"一起"。此外,所有的决定都不是一成不变的,但改变必须得经过双方同意。婚姻就是这样,两个人一起度过一生,既在一起,又不失去自我。

在一段婚姻中,伴侣倾听彼此的忧愁,分享彼此的情感,共同庆祝生命中的喜悦。同时,对夫妻双方家庭的责任远远高过他们个人的需求和权利。家庭的安排和责任是第一位的,个人的兴趣爱好次之。

在一个家庭中,父母做决策的时候要将孩子的最大利益纳入考量。孩子对家庭的财政和消费也有重要影响。

婚姻不是成年人的疗养院。一段好的婚姻需要妻子和丈夫双方共同的付出。在婚姻中,自己的权利不应该是考虑的第一要素,也不应该试图控制自己的伴侣。

教养子女需要父母灵活运用自己的知识,这里的知识并不是指在书本上熟记下来的育儿经。父母需要达到一种平衡,而不是对孩子一味地管制。而婚姻需要的是爱。

一个家庭要有多少人?

一个家庭要有多少人才合适呢?家庭的种类不同,导致这个问题的答案也因人而异。有的家庭是离婚后重组的，有的夫妻只有一个孩子，有的是丁克，有的是单亲，还有的家庭中的孩子有种种的特殊需求。

但是无论如何，一个家庭中至少要有一个大人，无论是父亲还是母亲。传统观念认为，只有有了孩子，一个家庭才能真正被称为"家庭"。而有时候家庭里并没有孩子。

当然，只要一个家庭满足了相关条件，领养也是个可行的方案。但领养可能让教养孩子的过程变得更加困难。孩子在童年早期可能会形成各种创伤。孩子的性格可能和养父母截然不同。孩子长大的过程中，可能也会出现很多无法用基因和遗传解释的事情，例如父亲的牙齿参差不齐不会遗传给孩子。

举个例子，很多人对家庭生活有这样的想象——爸爸妈妈各抱着一个孩子，坐在阳台的躺椅上小憩，有一只狗躺在他们身边。任何一个有孩子的人都知道这幅画面往往和现实相差甚远。父母需要时刻把注意力放在孩子的身上，而孩子的需求是无止境的，既要给他们擦屁股、穿衣服、包扎伤口，也要容忍他们青春期的情绪爆发，还要倾听他们的烦恼，给他们提供经济上的帮助，以及把车借给他们。

但人生是无法提前计划好的。有人可能不同意我的看法，但是我想请你试想一下：有谁能提前计划好要得癌症呢？在现在的社会里，考虑到严峻的就业形势，计划已经变得越来越难了。你往往需要学会新的技能才能找到新的工作。更难的是，你不知道怎样才算是足够了。

今天越来越多的女性步入而立之年后才开始思考要不要孩子。同时，现在却有更多的二十岁以下的女性开始生孩子。怀孕对于一个十八岁的孩子而言可能是一个沉重的负担。在这种情况下，十八岁的孩子已经是独立的个体了，她甚至都不需要告诉她的母亲她已经怀孕了。但是不管情况如何，在孩子出生前后，她都需要有人支持她、引导她。

现代科学让一件事情十分清楚：随着女性年龄的增长，怀孕的概率会越来越小。你无法规划在某个年龄生孩子。尽管如此，还是有不少人如愿以偿，在自己计划的年龄有了下一代。

我想，家里孩子越多，他们成长过程中的乐趣也就越多吧。孩子们至少可以私下里一起取笑自己的父母。并且不管孩子们乐不乐意，他们都有小伙伴一起玩耍。

离婚后重组的家庭又有一些不同。他们的家庭关系可能非常微妙，尤其对于新家庭的孩子和前段婚姻里的孩子而言更是如此。在这样的情况下，最平常的家庭生活可能都需要细致小心地思考和安排。

多子女家庭的喜与忧

那么理想情况下，一个家庭里到底应该有多少个孩子呢？就拿非洲来讲，不少家庭有 10 个孩子，那些只有 2 个孩子的家庭反倒是少数，并且家庭中最大的孩子和最小的孩子的年龄差还不小。在这种多子女的家庭，哥哥姐姐会照顾自己的弟弟妹妹，帮父母分担压力，同时也积累了养育孩子的经验。然而在芬兰，政府根据每个家庭孩子的数量发放补贴，这也就意味着多子女的家庭可能收到不菲的经济补贴。

如果一个家庭里只有一个孩子的话，家庭生活可能不会有翻天覆地的变化。你可能不需要换更大的房子和车。但一旦你有了第二个孩子，事情就变得复杂了。当母亲照顾新生婴儿的时候，父亲必须腾出精力去管第一个孩子。

独生子女可能性格比较安静、懂礼貌，但家里多了一个孩子之后，情况就变了。孩子越多，父母的压力就越大。在多子女家庭中，家庭成员间冲突的机会更多，父母需要解决的问题也更多。

小孩佩卡：与阿斯伯格同行

在多子女的家庭，父母虽然需要把很多东西平均分配给每个孩子，但孩子们很容易找到玩伴。不过这种情况下，家务的压力也增多了。

> 昨天整晚我都忙着把小豌豆泡在水里，现在我终于可以把它们种下去了。激动人心的时刻来临了。我之前已经准备好了土壤，主要是松土，还加进去了一点沙子。我在储藏室里找到了去年的木制架，把它立在了土壤上面，接着把铁丝网放到木制架上，以便豆子可以沿着铁丝网向上生长。马蒂过来帮我，我们一起把豆子种了下去，并把一层土壤覆盖在上面。种好之后，我们一致决定不能让双胞胎接近花盆。

大哥哥

对于任何一位母亲而言，她的孩子都是她的整个世界。失去自己的孩子是我能想象到的最绝望的事情。安蒂是我的第一个孩子。外人可以很轻易地看出来我们俩的关系非常亲密。我们俩曾经多次不得不在一起头脑风暴，绞尽脑汁地想佩卡要怎么办。

安蒂喜欢玩乐高积木。那时候我想要生第二个孩子，安蒂常用他的毛绒娃娃来逗我。记得有一次同事一家来拜访我们，他们刚生了一个小宝宝。我几乎整个晚上都把那

小孩佩卡：与阿斯伯格同行

个婴儿抱在怀里,直到同事一家要离开的时候我还舍不得放手。后来安蒂突然说了一句话,让我不知道该如何回答。他问我为什么要把那个宝宝还给他的父母。我想他当时也感觉到了我对于再生一个孩子的渴望。事实上,现在回想起来,当时那个宝宝的父亲还开玩笑地说既然我这么喜欢他们的孩子,要不就把儿子留在我们家算了。

我发现我和大儿子安蒂相处起来很得心应手。我们的关系十分亲密,以至于我对其他父母和子女之间的关系不顺感到十分不解。但是不久之后我的第二个孩子佩卡就出生了。我慢慢意识到事情并不总是一帆风顺的。

安蒂四岁的时候就能够理解为什么我一直担心他的安全问题。他会跟我说:"妈妈,别担心。我肯定不会被车撞到,因为没有车跑得过我。"他小时候总喜欢爬到房顶上去,每当这种时候我都会心跳加速,感到一种无助和恐惧。

在我们所生活的城市，所有的孩子在四岁的时候都要做一次全方位的入学测试。测试结果建议我带安蒂去看心理医生。当我们到了心理医生门外的走廊时，我突然感到无比的恐惧。不过还好我们还是成功地跨进了那扇门。测试结果表明安蒂是个聪明的孩子，发育正常，就是有点胆小。当时一进门，安蒂就想藏到沙发后面去。因为安蒂的个性不太适应很吵闹的环境，心理医生推测他入学后适应起来会有点困难，建议让他先去托儿所待一段时间。那时候要给孩子找到托儿所是很难的，因为名额会优先给予那些单亲家庭或者父母失业的孩子。因此，我们决定把安蒂放到我工作的银行附近的一家私立托儿所。

后来安蒂有机会上只有半天的托儿班。于是他每天一半的时间在托儿所，一半的时间在家。那时候我正因为佩卡的出生在休产假，于是我同时照顾他们兄弟俩。

小孩佩卡：与阿斯伯格同行

安蒂终于要正式去上学了。他上学的第一天特别兴奋，我也一样。到学校之后，我看到其他的母亲也跟我一样难掩激动的心情。我自己第一天上学的情景现在仍记忆犹新。后来等到佩卡开始上学后，我的轻松感更甚——他经历了重重的测试和考验，终于成功入学了。因为有了安蒂打头阵，我也差不多有了一定的经验。

安蒂入学后也不是一帆风顺。他阅读上倒是没有问题，但他时不时就不想上学。我还记得他当时藏在卫生间，我得逼他出来去学校。我搞不懂他为什么这么抵触学校。不过我当时也没有多少经验，直到后来佩卡上学后，我才真正开始研究教育系统，开始思考到底是怎么回事。

很奇怪的是，安蒂在电视上见过几次某位公众人物后，居然萌发了对他的景仰之情。安蒂不允许我们在他面前说那位先生的坏话，否则他会非常生气。不过年幼的安蒂还是非常懂礼貌、善解人意、乐于助人的。他不会说任何人的坏话。即使有时候他生病了,他也很乐意帮弟弟们领免费气球。他也会帮我提购物袋、打扫卫生。

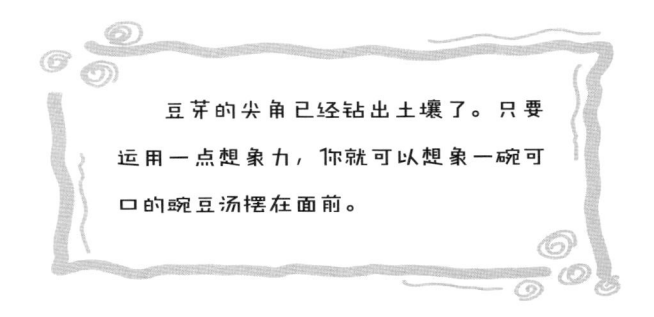

> 豆芽的尖角已经钻出土壤了。只要运用一点想象力,你就可以想象一碗可口的豌豆汤摆在面前。

满一岁

在医院的时候,佩卡没有自己的水瓶,而在家他和安蒂都有自己专属的水瓶。育儿总是有很多的规则要遵循,而这些规则也总是在变。我们听了无数专家的建议,他们每人都有自己的看法,到后来我的丈夫已经厌倦了所谓的"育儿经",连婆婆的话也不太想听了。家里有一大一小两个孩子就会有不少事情,要喂他们吃东西,给他们换尿布,带他们去户外玩,哄他们睡觉。甚至在派对的时候都需要给他们换尿布。

佩卡刚一个月的时候就开始翻身了。等到他四个月的时候，他就常常从一侧翻到另外一侧。

佩卡第一次接触的玩具是我们家保姆的泰迪熊布娃娃。他才两个半月的时候就开始玩这个布娃娃了。接着他的注意力又转移到了一辆布做的玩具车上面，这辆车动起来的时候会发出嘟嘟声。

生病

佩卡三个月的时候，生了水痘。他是被我传染的——几天之前我身上长了几颗水痘。安蒂也和我同时得了水痘。那时候佩卡全身上下都是水痘，不只是脸上、头上和脚上，连眼睛里都长了。我们跑去看医生，诊断结果是佩卡的耳朵和肺部都很正常。医生给他开了眼药水，

小孩佩卡：与阿斯伯格同行

治疗眼睛里的水痘。他这么小就长了水痘，我当时深感愧疚。

由于我当时得了水痘，又有点低烧，医生建议我暂时不要照顾孩子了，所以我们不得不找人帮忙。医生给我开了一个诊断证明，于是我打给政府福利机构，请他们提供帮助。政府的回应非常及时，因为我当时已经在床上起不来了。不过今天要是发生同样的事情，我不确定政府还会不会提供这么优质的服务。

那段时间，护士每天都会来我家照看孩子，也会为全家人准备食物，而我就躺在床上静养。这个感觉还是有点怪怪的，我发烧卧床的同时，有一个陌生人在家里忙里忙外地做事。有时候事情不多，她甚至还来问我有没有别的事情可以做，我就请她去熨下衣服，再分类叠好。

佩卡喜欢跟在哥哥后面到处跑，兄弟俩的感情很好。

安蒂时不时会辅导佩卡学习，佩卡也很享受两兄弟相处的时光。

现在回想起来，佩卡比其他的孩子都更加活泼好动。我当时特别害怕他什么时候会从婴儿车里翻出来。他一旦在婴儿车里坐起来，好像就注意不到两边的栏杆一样。后来我不得不给他买了一个背带，还把背带的一边牢牢地固定在婴儿车上。我当时别无选择。虽然后来这个背带一直放在家，但佩卡的弟弟们却从来不需要用。佩卡在学走路的时候时不时就要穿上背带，直到他完全学会了才不再穿背带。在他学会走路之前，我从没有让他脱离过我的视线。

佩卡快一岁的时候，我们到医院给他的大脑拍了X光片。当时很明显地可以看到，他的大脑形状和普通孩子有点不同。但是在其他方面我们并没有发现什么异常，拍片结果出来后医生也没说他有什么问题。

小孩佩卡：与阿斯伯格同行

佩卡八个月的时候开始到处爬，也慢慢学会了站起来，一岁之后学会了走。等到两岁的时候，他已经蹦蹦跳跳地停不下来了。

不同初见端倪

等到佩卡一岁半的时候，我们全家去了芬兰西部的纳坦利小镇，那里有"姆明世界"游乐园。佩卡在游乐园里跑来跑去，灿烂的笑脸在阳光下毫无畏惧。佩卡是个很有个性的孩子，只有我们拒绝他的要求时他才会哭，即使摔倒了身上到处都是瘀青他也不会哭，被吓到了也不会哭，有时候突然看不到我了也不会哭。

还记得有一次，我们在一个家庭派对上，有一个跟佩卡年龄相仿的女孩正在喝果汁，他跑过去把果汁盒打到了地上。经过一番教育后，他还是拒绝认错，当时的情形让我尴尬不已。那个小女孩的母亲有点不高兴，因为当时只有那一盒果汁。我不得不把佩卡带到一边,尽管他满脸都写着不情愿。

佩卡去上托儿所之前,一直都是由住在我单位附近的一个保姆照顾他。每天他跟着我一起上下班,他也让我上下班花了更久的时间。他总是会想尽办法从安全座椅上离开,我不得不停车,把他重新放回安全座椅上。

> 终于到了夏天,双胞胎坐在推车里,我抬头看着周围的蝴蝶。我看看孩子们,又看看蝴蝶,突然有点感慨。蝴蝶就像羽毛一样,可以轻易地飞到任何地方。从蝴蝶的飞行轨迹上几乎分辨不出它们的品种。曾经的毛毛虫长成了自由飞翔的蝴蝶。我希望我可以见证我孩子的蜕变。

孩子几岁的时候开始对自己有了感知呢？我记得安蒂第一次照镜子和他第一次看到自己照片的样子，行为都很奇怪。于是我决定上网查一查资料。我发现，不管是达尔文还是德国生物学家蒂德曼（Tiedemann），他们都认为婴孩两岁的时候就可以认识自己在镜子里的形象了，这也是自我意识早期觉醒的标志。相应地，一岁的孩子还无法有这样的表现。

当马蒂还是家里最小的孩子的时候，我们请了一名摄影师来给我们照全家福。马蒂指着照片把每个人认了出来，却把自己称作"一个宝宝"。我试着纠正他，但是他认不出自己。当时马蒂差不多快两岁了。

大部分动物是无法辨识出镜子中的自己的，需要具备某些人类的智识才能通过这个测试。动物中只有猩猩、海豚和大象可以辨识出自己。

学说话

佩卡小时候特别喜欢钻到地毯下面去,我看了觉得特别奇怪。例如,他会躺在厕所冰冷的地板上,藏到地毯下面听有声书。我惊异不已,"躺在床上看不是更舒服吗?"

佩卡到一岁半的时候还不会说话。两岁半的时候他能够说很多话了,不过口齿还是不太清楚。到四岁的时候,佩卡的语言能力才达到正常水平。

我记得有调查研究显示,孩子在一岁半的时候会发展出象征能力[①]。我其他的孩子都在八到十个月的时候开始说话。佩卡说的第一个单词是"救命"(芬兰语 apuva)。其他的孩子都是先学会叫"妈妈"(芬兰语 aiti)。他们大概六个月的时候嘴里就开始发出一些音节了。一岁的时候,他

---
① 编者注:象征能力指用图片道具、动作表情、文字符号等各种方式呈现表达的能力。

们就会说不少单词了，例如"妈妈""爸爸""阿姨""好""给你""你好"。

我有一个朋友是西班牙人，她觉得芬兰语是一门非常难的语言。有一次她问我芬兰孩子几岁开始说话。我的理解和她不同，比如汉语也是世界上最难的语言之一，但是中国小孩也是从小学习汉语和说汉语的。

有一天我在地铁车厢里遇到了一群在语言浸入式托儿所上学的小朋友。整节车厢都充斥着一种语言——西班牙语。孩子们在用西班牙语谈论地铁和地铁站名，老师们用西班牙语回答孩子们提出的问题，他们互相理解起来好像也完全没有障碍。

从生物学角度来看，孩子天生就容易学习语言。如果他们处在多语言的环境中，就很容易习得多门语言。

孩子自然就学习如何爬，如何用手和膝盖活动，如何站立。没有人真正地去教孩子怎么去做这么多动作，他们自然就学会了。语言也是如此。孩子天生就会模仿他们听到的语言。假如在一个家庭中，父亲说芬兰语，母亲说瑞典语，那么孩子会很自然地跟父亲说芬兰语，跟母亲说瑞典语，甚至可能在区别语言上面尤其严格。

如果父母在家里同时说两种语言，孩子两门语言可能都学不太好，因为他们会受到周围环境的影响，孩子们也以同样的方式学习和了解口音。

学习一门外语对于孩子和青少年而言相对简单，对于成人来说就没那么容易了。至少我觉得是这样。我的朋友马库是心理医生，跟我说过这个领域的一些研究，他说其实我想的是正确的。年轻人更容易去听别人讲话，去重复自己所听到的，这是一个帮助记忆的过程。但是，在学习第二语言时，外国人很难达到当地人听不出口音的发音水平。

小孩佩卡：与阿斯伯格同行

因为我的孩子们,我的"网络用语"已经很流利了。同时,我也学会了使用一些表情符号和表情包,以及在速记的时候使用英文缩写。

针对佩卡的情况,我采取了一种和安蒂小时候截然不同的观察模式。

在美国,很多人建议在婴儿时期就给孩子穿耳洞,因为他们觉得要是穿耳洞的话,婴儿时期是最合适的。然而,在芬兰,很多人都提出了相反的意见——他们说因为耳朵会慢慢长大,这样耳洞的位置就会偏了。到底谁才有资格为孩子做决定呢?如果父母吃素的话,他们的孩子也一定要吃素吗?在我们家里,我们甚至都不买酸奶,因为酸奶里面含有胶质成分。

我认为当商场里开始卖不同口味的奶粉的时候,我们的世界就已经被各种化学物质充斥了。一个孩子到底如何

满一岁

决定该喝巧克力味、香草味还是草莓味的牛奶呢?

以前,爱尔兰以及其他一些国家的妈妈们会把可口可乐放在奶瓶里让孩子喝。我还是比较传统,试着不让孩子们在超市里买汽水喝。我很担心这种饮料会伤害他们的牙齿,毕竟我听说可乐甚至可以溶解铁钉。我跟佩卡说了之后,他一脸震惊。

> 双胞胎已经进入了梦乡。我在仓库里找到了一个很大的玻璃罐。之后我把蒲公英和卷心菜的菜叶混到土壤里,装到罐子里面,在土壤上方再加几根树枝。在卷心菜里我发现了一只菜虫。我把虫子也放入罐内,用一个金属盖子封顶。就这样,这只虫子就在玻璃罐里有了一个属于自己的家。

两岁时的无所畏惧

保姆不知道该拿佩卡怎么办,好像什么都不能让他安静下来,甚至打开电视放动画片都无法奏效。不过,我倒是觉得还好,反正两岁的孩子也还没到该看电视的年龄。佩卡有一次撞到了栏杆,额头上撞出了一条大口子。我当时感觉保姆可能太忙了,没有精力细心照看佩卡,我不得不自己带他去医院缝针。我那时候就感觉,可能还是得把佩卡送去正式的托儿所。

安蒂小时候也在同一家托儿所上学,但是安蒂和佩卡的表现完全不同——安蒂非常安静听话。那里的老师经常跟我表扬安蒂，说他表现很好，大人问问题的时候他也时常代表其他孩子回答。

佩卡两岁的时候开始对周围的世界产生了浓厚的兴趣，时常指着周遭的事物，拉着我说："妈妈，看那里！"他对那种巨大的手推车和乐高积木尤其好奇。同时，他也对数字产生了兴趣，通过看电视和记电话号码学会了不少数字。他那时候很容易就能区别1和2。

家附近的猫也吸引了佩卡的注意。对于佩卡而言，那只猫就好像一只软软的毛绒玩具一样。那只猫的性格非常温顺，表现出了极强的自控和忍耐力，即使佩卡把它当作枕头垫在脑袋下面的时候，它也不发脾气。不过我当时看到这一场景还是特别害怕，生怕那只猫伸出爪子攻击佩卡。

佩卡还不会踩自行车的踏板，不过他骑四轮的自行车

小孩佩卡：与阿斯伯格同行

倒是非常娴熟。他也非常喜欢坐在家里的旋转椅上，一直转，停不下来。我在旁边看着他转都觉得很晕。

两岁的时候，佩卡非常嫉妒他哥哥安蒂有新的自行车。那辆车是我们送给安蒂的八岁生日礼物。它对于小佩卡来说无疑是个庞然大物，但这并没有阻挡佩卡想要驾驭它的雄心壮志。这画面让我看了就怕。

> 双胞胎已经睡着了。该去看看菜虫了——看来它还没有吃完所有的食物。它离开了金属网，跑到了菜叶里。我把玻璃罐放到了草地上，让门口的空气自然进入网内，玻璃罐里面也湿湿的。

奇怪的三岁小孩

三岁的佩卡已经能做到好好吃饭,不弄得遍地都是饭菜了,这一点倒是让托儿所的老师惊奇不已。有很多比佩卡大的孩子都没办法做到这一点。佩卡最爱的食物是肉丸,对于这一点我还是很欣慰的。

还记得有一天下午,我去托儿所接佩卡回家。刚一出门他就无助地大哭了起来,我不知道发生了什么,不管我怎么哄,他还是哭个不停。我们当时走在路上,但距离停车的地方还有点远。我把佩卡抱起来继续走,他在我怀里大哭大叫，中途我停下来给他买草莓，想让他开心一点，但还是无济于事。我完全拿他没办法。

有一次早上，我正要开车送佩卡去托儿所，但他坚持要吃完菠萝圈再出发。当时时间很赶，我说："放学回来了你可以马上吃。"等到下午我们回到家，佩卡马上冲到厨房去吃菠萝圈。我觉得他可能一整天都在想着这件事。他的专注力十分惊人，有时甚至让人觉得恐怖。托儿所的老师也注意到了他超凡的记忆力。

佩卡是一个喜怒无常的孩子，他时不时就让我们体会到这一点。他尖叫起来撕心裂肺，跑起来的时候把家里的桌椅弄得东倒西歪。

研究大脑的专家发现，人的抗压能力在三岁的时候就开始形成了。

奇怪的三岁小孩

有一次我们邀请一些朋友来家里聚会。佩卡坐在客厅，翻阅一本大部头的医学著作，好像在认真读的样子。我注意到他坐在那里，忍不住好奇——他到底是如何把那么大一本书从书架上取下来的？取下来干吗呢？我之后想到，他可能是不小心拿错了书。毕竟书柜有一个很大的玻璃门。也许他是在找相册，想看朋友的照片。有一次我的小姨带着他们家的狗来看我们，佩卡就找到自己书里小狗的照片，拿过去给她看。佩卡的哥哥也凑了过来，摸摸那只狗。

佩卡经常神色焦虑，好几次睡倒在厨房的椅子下面。我们去商店购物的时候，他会突然躺到地上。这就导致了我们在电器店选洗碗机的时候困难重重，因为我们所有的精力都用来照看佩卡了。

购物过程中，佩卡会跑到其他顾客跟前，问他们买了什么。他从来不会管我在哪里，这让我有点尴尬。通常人们也不会跑到陌生人面前，问他们来超市买什么。我们还发现佩卡似乎没有办法接受红色，看到红色就好像看到怪物一样。对此我能想到的唯一的解释是佩卡可能在脑海里把红色和血联系了起来。

佩卡即使在陌生的地方也常常乱跑。在排队时常常可以见到他四处乱窜的身影。幸运的是，每次都有人帮忙盯着他，例如我的妈妈和姐姐。

收效甚微的努力

慢慢地我开始感觉到有点不对劲了。我读了很多教育学和教学法方面的书籍，又跟我的丈夫讨论如何更好地与佩卡相处，但是我的忧虑并没有因此减轻。我慢慢地发现，带佩卡参加派对之前，我得先问清楚里面有什么活动，去的人是谁，但是好像也收效甚微。佩卡在派对上看起来像生病了一样，甚至像在发烧。有一次，派对上有个客人正好是护士，她以为佩卡得了流感，或者生了其他的病。但我们一回家，佩卡又恢复了正常。

我外公的九十大寿到了，在这个派对上佩卡更是问题不断。在去之前，我就跟佩卡详细地说明了我们要去哪里，会发生什么。宾客陆续到了，我去迎接的时候，佩卡突然跑到桌子下面，藏到白桌布后面。但我还是听得到他的声音，他开始乱喊一些我从没听他说过的脏话。我觉得我得想办法在别人不注意的情况下，把佩卡从桌子下面弄出来，让他安静一点。我非常小心，不想把桌上的东西打翻。当时我穿着长裙，没有办法爬到桌子下面，也没有时间找家里其他人来帮我。我终于在佩卡尖叫的时候抓住了他，把他从桌子下面拉了出来。有不少人，包括我母亲，都看到了整个过程，他们都过来帮我。那次派对之后，我们家里每个人都知道佩卡好动的天性了。

为了改善佩卡的情况，我花了很多的时间和精力。有

小孩佩卡：与阿斯伯格同行

一次我们全家去动物园玩，我以为三岁的佩卡会对动物产生兴趣，但让我十分惊讶的是，无论是对笼子里的小动物还是大型动物他都没有丝毫的兴趣，反倒是一直蹲在地上研究蚂蚁。我试着把他的注意力转移到动物园里的动物身上，但最后还是没有成功。

当发现佩卡好像无法辨认颜色的时候，我有点慌了。我回忆了一下，大儿子安蒂很早就能认出各种颜色了。于是我给佩卡买了一本教儿童认识颜色的书，里面也有不同形状和大小的物体。我带他学习了很多次，进展还是非常缓慢。

我后来想了一个方法，用婴儿食品的玻璃罐盖子来教他区分不同的颜色。这个新方法得到了佩卡的认同，我们根据不同的颜色把盖子归类，效果不错。我后来用同样的方法教马蒂认识颜色，准备对双胞胎也如此进行。

我注意到佩卡很喜欢数字。如果在他做事的时候给他计时，他会做得更快。如果我在他洗手的时候数数，他就不会磨蹭半天。

佩卡不会骑自行车。当他同龄的男孩子踩着单车，在街上乱窜的时候，佩卡只是推着自己的车。我也不知道该怎么教他。

我觉得很奇怪的是，在所有的事物里，他对各种棍棒最有兴趣。他常常把各种树枝和半米长的木棍挥来挥去，不停地指向空中的每个方向。他有时候在厨房里找到刀，拿着刀四处挥舞。当我看到我的小儿子拿着面包刀跑来跑去的时候吓得不行，决定要把家里所有的刀都藏起来。

为了让佩卡可以安静地坐上几分钟，我开始教他玩拼图。他很喜欢拼图。儿童诊所的护士们看到他坐在那里拼完了整个拼图的时候都惊讶不已。奇怪的是，拼图对他而言非常简单。他可以正面拼，或者反面拼，拼图的正反对他来说都没有关系。我记得曾经在一本书上看到过，阿

小孩佩卡：与阿斯伯格同行

斯伯格综合征的孩子往往都喜欢把拼图反过来拼。我还听说，一个有孤独症的成年人从来没有理解他所拼出来的图案——他仅仅是把拼图一个接一个地拼起来。

佩卡三岁时去上托儿所，但开始并不顺利。他紧紧地拽着我的胳膊，哭个不停。他不停地闹腾，托儿所里的老师都抓不住他。后来有更多的老师过来帮忙，才让他冷静下来。

佩卡很喜欢看视频。他最喜欢的电影是《小鹿斑比》。斑比失去母亲的时候，他很受触动。到后来，佩卡最爱的电影清单上还有了《美人鱼》和《猫咪历险记》。看电影的时候他十分专注。他也知道怎么开录像机。

第三个孩子的到来

当我感觉我和佩卡之间的联系越来越淡的时候，我变得很有压力。我得告诉他我怀孕了，这一点非常重要。但问题是他能理解这件事情吗？有时候我感觉他对周围的世界没有感知。我尝试向他解释怀孕这个如此抽象的概念。我不想让他觉得自己会被即将出生的小宝宝取代。

我的第三次孕期很顺利，只是到孕后期的时候出现了一些小的并发症。可能是因为我当时又要工作，同时还要照顾在家里的两个宝宝，有点忙不过来。而只是工作或照顾宝宝这两者中的任意一项都够忙的了。我的血压也开始升高，于是工作单位决定让我休病假。我非常感谢我的主管，他非常善解人意，对我的情况也表示理解。我的身体情况有可能需要住院，所以我时常需要去儿童健康诊所测血压和血糖。我这时候的情况远不如当时怀着佩卡的时候。

我们给佩卡和安蒂买了上下床。三岁的佩卡坚持要睡在上面，但那是他哥哥的床。他们争论不休，我们最后不得不把床拆了，都放在地上。这又是一阵折腾。

小孩佩卡：与阿斯伯格同行

佩卡常常和哥哥发生争执，尤其是他会去安蒂的房间，拿走安蒂的东西。他还会拆了安蒂拼好的漂亮的乐高城堡和汽车，拆成一块块单独的积木。他好像很喜欢拆毁东西。

> 双胞胎已经睡着了。我把莱虫的玻璃罐放到了房子外面的草地上。莱虫从玻璃罐往外看的时候，它只能看到一片翠绿。它会慢慢长大的。如果我仔细观察它，可能还能看到它化茧成蝶。那个时刻我也许并不在帝边，但我希望至少可以看到其中一部分。

手忙脚乱的时候

生马蒂的时候花了不少时间。医生最终不得不催产。以防万一，他们还准备了手术室，但最后没有用到。在分娩过程中，医生从婴儿身上采集了毛细血管血样。护士带着样本跑到实验室，同时接生还在继续。突然，我感觉到了阵痛——马蒂想要出来了。很快，护士就过来开始帮忙。这时候宝宝出生了，健健康康地发出了来到世上的第一声啼哭。佩卡出生时医生说我患上先兆子痫的风险很大，而这次相比之下就幸运得多。

孕期过久对婴儿的影响表现在了皮肤上，马蒂肤色不均且皮肤上有些硬硬的地方。虽然他的皮肤摸起来不柔软，但至少他的发育是正常的，心脏、肺和肾脏都发育得很充分。毕竟他在妈妈肚子里待了不少的时间。

事实证明，我的第三个孩子，马蒂，是一个非常好带的孩子。他哭的时候也是低声地、轻轻地哭泣。我觉得我们理解彼此、认可彼此。我在很早的时候就看到了他未来可能的性格。相较之下，双胞胎在这方面很不同，他们哭得很大声。

安蒂升四年级的第一天，我送他去上学。他两只手腕上都打着石膏，一直打到了指尖。老师对于新学生怀有的过度乐观且不切实际的期待让我感到很惊讶。她说："所有的学生都应该互相成为朋友，在校外也应该花时间相处。"她还说她会把大家重新组成不同的小组，让每个人都有机会和所有的同学接触。我内心对这个做法的可行性产生了怀疑。这样的想法在成年人的世界，在工作中，都是实现不了的。这样的社交互动是否要求过高了？等到说到佩卡的时候，我会再重新讨论这个话题。

孩子们在学校的时候会做手工。例如，安蒂从学校带回了一条木质的小狗，我很喜欢。他随后往家里带了更多的木制小狗，我更喜欢了——他的弟弟们又多了一些玩具。我问他："为什么学校会允许他做这么多只小狗？"后来我才知道，因为其他同学都不想要这些小狗，安蒂便把它们都带回了家。

孩子们很喜欢肥皂泡泡。佩卡却饶有兴趣地看着还是小宝宝的马蒂。我想佩卡想要有个玩伴，他很想要在马蒂的婴儿椅旁边玩。不过，我很怕让佩卡和小宝宝单独待在一起。他有时还是不太稳定。有一次马蒂睡觉的时候，佩卡突然往他身上扔东西，还好我及时阻止了他。

小孩佩卡：与阿斯伯格同行

让我很不解的是，我们每一次去服装店或鞋店的时候，佩卡都会躺到地上。虽然很难理解，但是我想应该是一整个店里的信息量——数百双鞋子——让他感觉到难以承受。

我的担忧愈演愈烈，于是我开始记录一些很奇怪的事件。例如，佩卡去上游泳课的时候，惊慌不已，他在整个场馆里跑来跑去。后来游泳课的教练都拒绝教他。那时候他才四岁。一年后，他和一群有特殊需求的小朋友一起学会了游泳。后来，他变得很擅长游泳，并且很喜欢这项运动。

我们带着孩子们一起去拜访了一个家庭。那个家庭的妈妈带我们参观了儿童房，介绍房间有多么漂亮。她还解释说，他们想要孩子们在一个真实的环境里玩耍，所以孩子们的盘子和杯子都是陶瓷做的。当然，整个房间确实很漂亮，不过我当时非常害怕。"莽撞"和"冒失鬼"这些词迅速闯进了我的脑海。佩卡是一个很调皮、很难被控制住的孩子，而且他完全没注意到那些瓷器。我当时完全无法放松下来，我不想让他进那个房间。除了佩卡外的其他孩子好像来自另一个星球，他们是如此冷静和自如。最后，在我感觉好像过去一个世纪之后，这次的拜访终于结束了。谢天谢地——盘子和杯子都没有被打碎。

以前我在城里散步的时候总会背着佩卡，因为我害怕他会被车撞到。背着他也走得快一些。如果放他在地上自己走的话，他会停在商店的橱窗门口就不动了，他还非常倔强。在图书馆的时候，需要非常安静，我也得背着他，否则他又会乱跑。只有背着他的时候，我才能顺利做成事情。

寻求帮助

我再次联系了家庭诊所，这一次，我一定要寻求到帮助。我终于成功约上了一个神经心理科医生。他马上发现了事情的严重性，让我把佩卡从等候室带到他的办公室。

小孩佩卡：与阿斯伯格同行

佩卡非常擅长画画。他的大脑结构和一般人不一样，好像有些不对劲。一开始，他们把佩卡的症状诊断为某种神经性障碍。心理医生说他的问题可能和成长环境没有关系——听到这一点，我心里的石头落了地。但他症状严重程度的不确定性，以及他的未来，都让我十分揪心。

回到家后，我被极大的绝望感包围。我希望自己可以一直活下去，至少要活得和佩卡一样长。如果我不在了，谁能照顾他呢？幸运的是，他还有哥哥。接着，我想到他未来有一天还可以结婚，我又感受到了一种难以言说的喜悦感。我的丈夫还在外出的长途飞机上，所以整个家此刻只有我，我可以一个人坐着思考。

我想要做所有我能做的事情。我又带着佩卡去了医院。他们带他到处做检查，有些检查进展顺利，有些没有完成。到最后，他们还是无法给出一个诊断结果。

手忙脚乱的时候

白天，马蒂和佩卡在同一家托儿所。一开始马蒂和更小的孩子们分在一起，佩卡和三岁以上的孩子们在一起。这家托儿所不大，所以所有的孩子都在同一个院子里玩。两兄弟在白天的时候可以见到彼此是一件很好的事情。托儿所是两层楼，有楼梯和几间房间。沙发上到处都是泰迪熊，房间里摆着小小的桌子，旁边放着一圈小椅子。走廊里，写好名字的衣服挂在挂钩上，还有一些小的柜子。家长们来接孩子的时候，会留下来和工作人员聊几分钟。

有一次讨论的时候，我和托儿所的园长说，晚上我很难把孩子们弄去睡觉。她的想法是，可能他们在用这种方式引起我的注意。如果我下班回家忽视了他们，我在晚上很快就会感受到他们的反应。家长回到家的第一件事情应该是把注意力放在孩子身上，这样夜晚会好过得多。这对当时的我来说有点难以理解。我回到家唯一想做的事情就是休息，最多就是准备一些食物。

我尝试遵循她所提出的建议，毕竟这听起来不无道理。辛苦工作了一天之后，我非常疲惫。不过在一遍遍地尝试之后，我也终于做到了。孩子们慢慢长大，事情也慢慢变化。我还是按照园长的建议，尝试不断改变我自己的行为。

我学到了这样一件事，母亲的职责就是要陪伴在孩子身边。甚至我睡着的时候，孩子们也会把我叫醒，要么是要喝水，要么问我问题。"让我睡一会儿"从来都不是可选的选项。孩子们的生活里不应该有担忧和焦虑。和员工不同的是，作为父母，你是无法被取代的。

平衡育儿与工作

我还记得有一天晚上，孩子们生病了，我一直照顾他们到大半夜。第二天早上我还要早起去工作，需要保持好的精神面貌——我当时在做客户服务的工作。幸运的是，那天我丈夫不上班,所以他待在家里照顾孩子们。

　　那是一个周一的早上,我带着佩卡去了医院。前一晚他的手就开始疼了,但我还是不得不等到了第二天早上。他的手腕骨折了,需要打石膏。马蒂也跟我们来了医院,他很饿,因为家里没有食物了,所以在佩卡打石膏的时候,我开车带他去了附近的超市。我跑进商店里,让马蒂在安全座椅上睡觉。我必须很快买好,以最快的速度赶回医院。我把牛奶和其他东西扔进购物车,飞快跑到收银台。让我惊讶的是,排队的人都给我让出了位置。我向他们道了谢,解释了情况。从那个时候开始一切都很顺畅,孩子有东西吃了,我赶回了医院安慰佩卡。佩卡手腕打好石膏后,我们回了家。

　　这样的情况有很多,我在照顾孩子的同时,还需要处理好自己的事情。有一次,在坦佩雷中心火车站,我在看着行李箱的同时,还要照顾好 3 个向我要糖的孩子。有一个人走到我身边，安慰我说，等到他们长大后一切都会变好的。

我去药店买药。我怀里抱着马蒂，佩卡自己走路。付款的时候，我得特别留意佩卡别在别人开门的时候跑出去了，我怕他跑到街上。孩子们很容易在你不注意的时候就溜走了。最后，这些手忙脚乱的情况都被我处理好了。

有时候，糟糕的记忆似乎可以很容易完全被从大脑里消除。我们的大脑在不可能的情况下超负荷工作，在平时这些事情我是根本无法完成的。

有一次，一个没有孩子的女士听了我的烦恼，面无表情地问我为什么抱怨，"你选择了要孩子，所以接受现实吧。"她说。我感到不安，但我能做些什么呢？当然，我本可以做出不一样的人生选择。她向我解释说，她和她的丈夫想要多体验世界，于是就排除了生孩子的可能性，他们不想要照顾几个爱发牢骚的孩子。

游戏

我母亲计划圣诞节来看我们。孩子们很想见到他们的外婆。外面开始下雪了,我们都待在家,一家人齐齐整整。我母亲打来电话,取消圣诞节过来的安排时,我们都很失望。我姐姐前段时间摔伤了手臂,需要帮助,我母亲最后决定圣诞节还是去看她们一家人。

从孩童时期起,我们都得逐渐学会如何应对挫折和困境。在电脑游戏中输掉也是一种失败。自我认知的形成有助于我们在人生中不断向前。你应该很清楚自己的长处和短处，最好在选择职业方向和找工作的之前就已经有了结果。

当我和丈夫在花园里忙碌的时候，孩子们会开始自己玩，以防我们叫他们过来帮忙。不过，我和丈夫发现我们邻居家的孩子们总想要给我们搭把手。我们在花园里除草的时候、清理切菜板的时候他们都想要来帮忙。甚至当我在烘焙的时候他们也表达了帮忙的意愿，而我们家的孩子却只是在尽力帮忙试吃。我仔细想了想这背后的原因。邻居家的孩子平时在家没机会帮父母做事吗？还是他们真的教养很好，仅仅是不求回报地想帮我们？抑或是他们仅仅喜欢在一起完成一件事情？还是他们想要在我们家孩子面前炫耀？我真的不明白这是为什么。

马蒂快两岁的时候，变得很难入睡。在那以前，我哄他睡觉的时候他总是很快就睡着了。现在他学会了跑，睡前会和佩卡吵架，在家里到处乱跑。

游戏

我决定开始培养佩卡的推理能力，于是我让丈夫从外地回来时带一些教育类的游戏。那时候很难找到优质的教育性电脑游戏，但我们想办法在英国和美国找到了一些。有一些游戏是进口到芬兰的，价格很高。我会和佩卡一起研究那些游戏，这也是我们一起享受的美好时光。不过游戏是英文的，所以我得把所有内容翻译成芬兰语，再跟佩卡解释怎么玩。反正电脑没办法说不，所以佩卡有时候会把同一个游戏反复玩很多遍。

我们去看心理医生的时候，我会仔细观察他们的办公室都有哪些工具。我做了相当多的研究，试图获得他们和特殊需求老师使用的所有工具。我们第一次拜访某位心理医生的时候，他给佩卡做了一对一的拼图测试。结束后，心理医生告诉我，佩卡没有拼出来。我感到困惑——我知道佩卡非常擅长玩拼图。心理医生用的拼图很特殊吗？拼图片都太相似了？还是佩卡无法在脑海中构思出画面？

佩卡学东西很快，很快就追上了跟他年纪相仿的孩子们。庆幸的是，只要教他的东西，他都能学会。不过同样的内容，他的兄弟们都是自学。幸运的是，佩卡取得的进步对老师来讲十分有成就感，老师们都很喜欢他。

佩卡五岁的时候，玩任天堂和其他的电脑游戏越来越厉害了。有一天他兴高采烈地跑过来，跟我说他在游戏里把整个数独解开了。

> 种子慢慢长大了，长出了卷须，缠绕在铁丝网上。目前还没有任何发芽的迹象，但看到那些绿色的卷须，就知道它们是一种豆类植物了。孩子们对花圃十分着迷。我们一起猜马上要长出什么植物。一切都非常令人兴奋。一到我的小豌豆种植园附近，安蒂和佩卡就会主动看好双胞胎。

不断尝试

托儿所给佩卡制订了培养方案,其中的一部分就是要定期和儿童健康诊所的语言治疗师会面。佩卡很喜欢巧克力粥。他每次发这个词的音的时候都会少一个音符,我们觉得很有趣。

我也就此展开了对儿童神经性问题的研究。我买了一些书,同时也在网上查找相关信息。医生和我一样,都不知道佩卡的问题究竟在哪里,也不知道哪些症状是与他相符的,但我在尽力帮助医生得出结论。随着马蒂越来越大,他常常抢在佩卡前面替他回答我的问题。

我买了很多布娃娃,它们脸上都画着不同的表情。我和孩子们一起玩,根据它们的表情,给它们起了不同的名字,爱哭、惊讶、傻傻、快乐、开心,以及累了。我在纸上把娃娃们都画了出来,孩子们每个人都有自己最喜欢的娃娃。这充满简单的快乐,也是我和孩子们都喜欢做的事情——同时也帮助佩卡学习如何识别面部表情。

同样也是在他五岁的时候,佩卡终于同意穿着表演服去参加托儿所举办的变装派对了——他穿了我租给他的绿色恐龙服。装扮这件事情对他来说并不容易。不过,派对结束后,他非常激动,跟我说他是一只霸王龙。

佩卡五岁半的时候,我和孩子们一起去了图尔库城堡。我们反复跟佩卡说,到那边之后一定不要乱跑,也不能到处乱摸。不出所料,他完全没有听进去——他还是自顾自地和往常一样。我、安蒂和佩卡三人一起去看了骑士主题的展览。佩卡既不想戴王冠,也不想穿披风,不过安蒂都穿戴好了。至于向导的介绍,佩卡一点儿都没有听,只是在城堡里乱跑。他和向导说,他的脚受伤了,还说他被蜜蜂蜇了。在我们那个团队里,佩卡是最擅长寻宝的人。他觉得城堡里所有的箱子都是藏宝箱，认真查看每一个隐蔽的地方。最后，向导让佩卡和其他孩子一起坐到凳子上参加最后的活动。整个展览结束时，有一个王后给所有的参与者戴上皇冠的仪式，王后要用她的剑敲他们的肩膀以示嘉奖。佩卡问那个王后："你是要杀了我吗？"

挑战仍在继续

让佩卡知道什么能做，什么不能做是很困难的事情。我跟他说不要跑到街上，他反问我说："妈妈，你想让我跑到街上吗？"他永远有无数个为什么，例如为什么爸爸的年龄比妈妈大。

有一天，安蒂和佩卡一起搭了一个玩具火车轨道。佩卡突然发脾气，把整个搭好的轨道都推倒了。我不知道为什么，毕竟这也是他参与搭起来的。也许他觉得把东西组

小孩佩卡：与阿斯伯格同行

装起来就是为了把它拆毁,然后再搭起来。

去理发店的时候,佩卡总是尖叫,声音大到快要穿透我的耳膜。理发师不得已关上了店里所有的窗户。直到佩卡五岁半的时候他才可以安静地坐在座位上和理发师沟通。

佩卡会去我的床上睡觉、看儿童书。托儿所里有位老师对于他画里尖锐的线条表示了担忧——也许这代表着某种程度的焦虑。佩卡在家的时候问我为什么在笔记本上画了尖刺。我解释说,这些不是尖刺,是我在写字。我那时候才意识到,他只是在模仿我,想要模仿我的"尖刺"。佩卡很容易被误解,担忧的成年人往往会把很细微的事情看作是严重的症状。

有天晚上我做了比萨。在我做比萨的时候,佩卡也习惯过来帮我,我们各自做自己的比萨。他做得比我的小,不过我们俩的比萨除了橄榄之外,其他的原料都一样。佩卡做的比萨很美味。

佩卡六岁的时候，我带他和马蒂一起去了纳塔利的"姆明世界主题公园"。佩卡四处跑来跑去，也没有跟我一起去参观"姆明之家"。他去看了魔术表演，还看了两遍。第一次看的时候他甚至完全没有注意台上在演什么——因为他在专心致志地啃指甲。在"童话小径"的时候，他对摇来摇去的吊桥有些担心。他一直跑啊跑。"巫婆的迷宫"和"耳语森林"也都没有吓到他。突然，佩卡又不见了。我惊慌失措，以为他在迷宫里迷路了，开始到处找他。幸运的是，我在"监狱"前找到了他——他已经穿过迷宫了。他一点也不惊慌。他非常喜欢"树精洞穴"，在那里待了很久——而马蒂却很害怕它们。

在主题公园的时候，佩卡教其他孩子如何玩姆明游戏，他在家里玩了很多次。我喜欢游戏房，因为这意味着我不

小孩佩卡：与阿斯伯格同行

必担心接下来会发生什么。佩卡不是小婴儿,也不是我的长子。那他是什么呢?作为排在中间的孩子,如果我抱起他,还是小婴儿的马蒂就会马上也要求妈妈抱。马蒂会给我一本书,要我读给他听。

早上帮马蒂和佩卡收拾是非常困难的。当我给其中一个穿衣服的时候,另一个又会把衣服脱了。我尝试过让佩卡在外面等,但是对有阿斯伯格综合征的孩子来说,仅仅命令是行不通的。我没有时间,也不知道该如何用他的逻辑来跟他解释清楚。每天早晨都是一次非常惊慌的考验。

某些早晨,我们会迟到,赶不上托儿所的早餐。到托儿所的时候佩卡他们的态度不是很友好,还会责怪我。那些早晨,我会在去上班的路上边开车边哭。我已竭尽全力,却感觉还是不够。

游戏

双胞胎已经熟睡。我看向了虫子的玻璃房。它还在吃食,我的耐心开始减退。它到底会变成什么样子呢?我在罐子里加了一些瓢虫,让它们在玻璃房里彼此做伴,也让我有更多的东西可看。我还没跟孩子说任何关于罐子的事情。我怕他们只会笑我,或者更有甚者,破坏实验。

02
上 学

准备上学

马蒂很快就学会了怎么从婴儿床里爬出来——他已经大到可以睡大孩子的床了。他会在家里跑来跑去,完成所有我交给他的任务。他是我的小帮手。如果我需要柜子里的东西,他会跑去帮我拿。我注意到,同样简单的事情对于佩卡来说却十分具有挑战。

马蒂就要满两岁了,而两岁是很难带的一个坎。他只会一个词"不要!"他什么都不喜欢,吃的东西不喜欢,给他穿衣服更是一场噩梦。我一直在告诉自己,至少马蒂

准备上学

没有像佩卡这个年纪的时候那样撕心裂肺地尖叫,我应该感到幸运。

我觉得他这样叛逆的行为也不一定全是坏事,这仅仅说明他在试探自己行为的底线。家长最不能做的一件事就是妥协。我咬紧牙关,尝试理性思考,而非跟着感觉走。好像所有人都在盯着我们看一样。孩子们在击穿母亲的盔甲这方面完全是天赋异禀。我的孩子们在很早的时候就知道怎么利用托儿所来作为筹码了。他们如果说某个东西托儿所的老师给过他们,我就会屈服,给他们一样的东西。

两岁的时候,马蒂很让人开心的事情是他学会了认字。发现他可以说出电视上出现的字的时候,我十分惊讶。在儿童健康诊所的时候,医生说马蒂三岁的时候能学会认字。在我看来,他发现我觉得他不需要很早就学会认字,于是他也就不急着认字,认识几个字他就很开心了。

小孩佩卡：与阿斯伯格同行

那个时候，我常常在餐桌上放一些很大的拼图，有时候可能有 1 000 张。孩子们都很小心，怕把我辛苦拼好的拼图给弄坏了。佩卡也有自己的拼图。我拼拼图的时候孩子们争吵声不断，不过他们没有打扰我——拼图也一块都没有丢。完成这么一项巨大的任务让人非常有满足感。

因为我太累了，所以无法帮安蒂复习历史考试，我感觉有点内疚。他不太擅长历史，而我丈夫也只是粗略地帮他看看。后来安蒂的分数越来越高，事情逐渐有了好转。有一次安蒂读完了长达 400 多页的《光明之子》，我感到非常骄傲。很多书里会提到，很多男孩子书读得不够，我很开心安蒂并不是那些孩子中的一员。

灵光一现

经验告诉我，对待佩卡不能像对待安蒂一样。我对他不能仅仅是发号施令，还需要做更多。我需要跟他说清楚每件事背后的原因。有时候我会灵光一现。

我还记得有一次，我们去看朋友。当时的情况是，大人们在喝咖啡，佩卡躲在桌子下面。因为他在我们的脚边爬来爬去，所以我们试图把他叫出来。无论我们用什么方法，他就是不肯出来。

我跟佩卡说："佩卡，快出来吧。桌子摇摇晃晃的，我们的咖啡要溅出来了。快出来，别让桌子这么摇啦！"

佩卡爬了出来，从桌子下面出来了。他问我："咖啡溅了吗？"我说还没有，然后他在我旁边坐了下来。

因为我是佩卡的母亲，所以人们常常对我的角色有各种猜测和怀疑。当我生马蒂之后，情况发生了变化——突然有人很羡慕我，还赞赏我。带着佩卡，很多时候人们都不愿意接近我们。有了马蒂之后,很多大门都向我们敞开了。这种情况屡屡发生。

我陷入了激动的情绪中。专家和心理学家都认可了我的行为,无论是我作为母亲所做出的牺牲,还是我为孩子付出的努力,但是我依然感到很无助。对于事情的发展,我真的什么都做不了。

托儿所的圣诞晚会到来了。孩子们打扮得整整齐齐。父母们都自顾不暇,还有年幼的孩子坐在他们的腿上。观众安静下来的时候,空气中飘浮着一丝期待。工作人员在带孩子们候场,节目要开始了。家长们已经准备好了要拍下孩子们的重要时刻。中心主任带着佩卡来找我,问我们能不能带着佩卡,确保他和我们待在一起。他很想加入他的朋友们,但我有点担心——主任看起来有点严肃。所以我们最后没有让佩卡参与其中。这个情况让我印象非常深刻,只要我们一家都在场,所有的问题就都不是问题了。我需要有人安慰我。

尽管如此，我还是得硬着头皮继续往前走。没有时间回头，也没有时间垂头丧气。我很坚定地专注于培养我的孩子，要让他成为这个社会里快乐的一员。

因为托儿所需要人帮忙来让佩卡安静下来，于是他们给佩卡安排了一名教师助理。其中一个工作人员正在攻读某个学位，想要把佩卡作为她的论文研究对象。我同意了。论文的研究结果表明佩卡学新东西很快。比如，放风筝对他来说就是一段令人很满意的经历。

> 一株豌豆已经开始发芽了。我可以从中看到各种色调，白色、淡紫色、洋红色、紫色和蓝色，这些颜色都是我在买豌豆时选中的颜色。

小孩佩卡：与阿斯伯格同行

我去玩具店里找了找给佩卡玩的益智玩具,结果找到了一组很有趣的模型——美国原住民的村庄,里面有货车、酋长、弓箭武士、母亲、婴儿、马和其他动物。我拼好后让佩卡跟我一起玩,不过他并不想玩。我玩了一会儿,五岁的佩卡不跟我一起,我就放弃了。搭起来的村庄很好看,但没人愿意玩。后来马蒂有了玩的兴趣,甚至还成功让佩卡加入了进来。佩卡那时候长大了一些,马蒂比我更沉浸在游戏当中,也玩得更好。

佩卡没有像他的兄弟们那样玩玩具车。他会把汽车排成一行,然后把它们一个个往墙上砸。或者,他会把两辆车撞在一起,仿佛在研究力的相互作用一样。他会一直重复这样单一的动作,直到不想玩了为止。

佩卡感知世界的能力(或者说无法感知世界的能力)令我感到担忧。我不确定他是否可以区分地图上的国家或地区。我对我丈夫说,我们应该出国旅行,我认为这会有助于佩卡理解空间距离和不同的语言。丈夫同意了，于是我们带上了佩卡和安蒂出国旅行。当时佩卡只有六岁。因为我丈夫的同事住在慕尼黑，所以我们去了那里。他带我们逛了德国，参观了那里壮观的城堡。那次旅行非常棒。虽然我不知道佩卡是否喜欢那些城堡，但是他对我丈夫的同事很感兴趣，问了他很多私人的问题。

我们还参观了希特勒臭名昭著的山区度假胜地"鹰巢"。它位于一座高山上，在一条险峻山路的尽头，许多工人在建设过程中丧生。去往那里的路上，我因为太害怕而不敢往窗外看。到山顶的时候，我们可以看到云层在我们脚下。佩卡后来记住了这个特别的地点，他会在托儿所讲述这段经历。但是，托儿所的老师都以为他是编的，而说谎是不被接受的。

在我们这次参观的所有景点中，佩卡最感兴趣的是慕尼黑科技博物馆，以及它地底下的那几层展厅。在德国的时候，我教了他"外国"的概念。

在旅途中，佩卡不断地向我们提问。他的问题五花八门。他对人们的年龄特别感兴趣。我认为这是他分析数字的方式。回到芬兰后，他也会问大家的年龄。除了几个年纪不小的女性外，还是有不少人很乐意回答他的。

最后的准备

为了要在入学前观测佩卡的行为，获得更多的信息，医院让佩卡在六岁的时候住院一段时间。他的病房里都是十岁左右的患有糖尿病的孩子。大家都不理他，年纪更大的几个男孩决定在病房里玩什么游戏，以及电视上放什么台的节目。虽然佩卡想看儿童节目，但是那几个大一点的孩子想看更成熟的节目。我不知道在这样的环境里观测他的行为有没有意义——显然他的压力值是非常高的。

准备上学

开学前,我们需要教会佩卡骑自行车。我不记得他摔了多少次,但是每一次他都坚强地站了起来,一遍遍地尝试。有一天他终于成功了——他找到了一个能保持稳定的姿势,骑了起来。

我比平时提前了一点去托儿所接马蒂,他非常高兴。那天我并不着急回家,他便带我去看了一个地方,他和他的朋友简妮在那里搭了一个房子。他们把我当作客人,给我做了咖啡,还有新鲜出炉的蛋糕,非常热情地招待了我。看到他们两个如此开心,真是让人高兴。

马蒂经常会让其他人帮他做事情。比如,他太累了走不了路,或者他不想自己穿衣服的时候,他都会让别人帮他。这让我非常累。我们一起等待冬天到来,想到时候去溜冰。我知道他在焦急地等待,因为那会是他第一次去溜冰。

小孩佩卡：与阿斯伯格同行

我已经精疲力尽了。有太多的事情要做，太多的事情需要我去处理。只要手机还有电，我就一直在通话。我还有很多工作没有完成，而孩子们也不停地打电话给我。

当时我的工作压力很大。我得处理很多事情，还要解决和银行的冲突。甚至在家的时候我也没办法停止工作。不久，托儿所又叫我去开会，因为他们搞不懂佩卡的某些行为。

工作上也需要我，但无论如何我都必须准时参加会议。托儿所的老师跟我解释了相关情况，于是我试图找到解决方案。我答应他们与佩卡聊聊，想办法让他在托儿所更听话一些。

早上，我开车带孩子去托儿所的时候，我的手机响了，是老板打来的。我想跟他解释说我还在托儿所的时候，他拒绝接受我的解释。

下午，我到托儿所接孩子的时候，接到了客户的电话。我尽量避免任何不好回答的问题，并试着结束对话。我记好笔记，挂了电话。然后尽全力跑向托儿所，到了才发现自己是最后一个到的家长。

> 双胞胎正在睡觉，不过没有在婴儿床里睡。已经连续下了好几天雨。雨停了片刻，我带着双胞胎去外面看玻璃罐。水几乎灌满了一半的玻璃罐。情况看起来不太好。我试着小心翼翼地把水倒出来，同时保持金属网的位置不动。瓢虫和卷心菜都滑到金属网上，所有的食物和沙子也是。我把罐子翻过来，拿下网，再把菜叶放进去。

学校

托儿所的老师们催我认真考虑佩卡上学的事情,到底是去普通学校还是去特殊需求学校。我们按照老师的建议去参观了一家特殊需求学校,和校长谈了谈。校长很遗憾地表示,学校已经满额了,建议我们把佩卡送到普通学校。这就让我们的决定变得简单多了。我想这也是最好的选择了,我也一直想让佩卡去普通学校。

我们没有意识到佩卡可能会在学习上出现问题。所有的测试结果都表明他已经可以上学了。心理医生马库给他做了测试，也说他准备好了。

我之后才知道，专家其实建议有阿斯伯格综合征的孩子去普通学校学习。就这样，佩卡开始去上学了，这所学校也是他哥哥 6 年前入学的学校。直到佩卡入学之后，他的问题才正式确定是由阿斯伯格综合征引起的。

佩卡渐渐在学校步入正轨，我也开始慢慢熟悉学校的系统。我这时开始对教学法与辅助教学产生了兴趣。我以前从没有用这种方式全面分析过学校系统，现在我的角度完全不同了。因为大儿子安蒂，我对现代学校的制度有了一些了解，但非常有限，当时的我就像一个旁观者一样。现在因为佩卡的情况，我不得不开始对整个学校系统进行研究。

学校最主要的功能就是教育孩子，为他们日后进入社会做好准备。学校通常会根据年龄将学生进行划分。在这个过程中孩子们也交到了朋友，有些友谊甚至可以持续终生。

小孩佩卡：与阿斯伯格同行

阿斯伯格综合征的主要特点是社会交往障碍。有阿斯伯格综合征的孩子的症状在家的时候可能没有显现出来。佩卡上学后就在社会交往上出现了新的问题，他会掐别的小朋友，还会有其他各种奇怪的表现。

佩卡上学前就开始接触各种光盘了。我们给他买了各种不同类型的光盘，一些是教他完成任务的，另一些则涵盖了冒险、机械、数学、多媒体、童话、电影、历史、自然等领域，应有尽有。

在一年级的时候，佩卡的老师发现他无法正确握住铅笔。我当时有点沮丧。上学之前我们就教了他怎么握笔，心理医生和托儿所的老师也教过他。在我看来，我们已经教得不少了。我走到佩卡身边，一脸严肃地让他握好铅笔。他说："妈妈，为什么我一定要握铅笔呢？我握拳头握得更好。"我突然愣住了，一下子不知道如何回答他。我接着说："你只要好好练习，你握铅笔也会像握拳头那么棒的。你以后需要握铅笔的时候还会有很多。"从那时起,他就开始握铅笔了。佩卡的行为总是会这样突然转变。

生活上我会让佩卡帮我做事情,也会给予他帮助,但是他总是理解不了我的意思。我开始怀疑他是不是听不清楚我说的话,但是我发现并不是这样。我们的沟通存在一些问题,当时我还无法理解。

佩卡上学后有了一些改变,变成了一个学生。他的表现有了很大的进步,但是进步的过程却很缓慢。我们在家里见证了他从婴儿长大的过程,这么久的相处也能让我们理智地看待这一切。

佩卡的老师想告诉我佩卡的发展有严重的延迟,让我去看佩卡的画。我去看了他的画,发现画里面就是漂亮的、色彩缤纷的风景,我没有理解老师说的意思。后来我查了相关资料,发现在芬兰可能只有5个人知道怎么从画作里判断孩子发育的程度。如果图画不仅是图像，它又代表什么呢？

老师每天都会做笔记，给我看佩卡的情况。我每次都害怕翻开那本笔记本，因为我知道里面是什么——用红笔醒目地写着佩卡在学校不好的表现，例如"您的孩子一整天都在谈论恐龙"。我是应该给老师买一支蓝色的笔呢，还是应该教育佩卡？

老师们也很担心佩卡的阅读能力。第一学期的家长会议上，老师们说佩卡总学不会认字。我们当时听了非常担忧。

会议结束的晚上我们给佩卡的心理医生打了电话。他肯定地说佩卡迟早都会学会认字的。没有任何迹象表明佩卡会在这方面有障碍。

我也和我的一个教师朋友通了电话，她对佩卡的情况也表示乐观。她说有残疾的孩子都能学会读书认字，并严厉地批评了佩卡学校的态度。她的教学经验非常丰富，说孩子的父母一定要坚持下去，孩子才能取得进步。她也向我分享了一个案例，有一个孩子的父母不愿意让孩子接受语言障碍治疗，那么语言治疗师就不会再继续帮助孩子。家长对于孩子发展的作用是不容小觑的。

她的话在我内心深处引起了共鸣。我知道，我不能把我的孩子就这样完全交托给学校和芬兰的教育系统。我需要为佩卡考虑，决定什么对他来说才是最好的。

我开始自己研究阅读障碍。佩卡的问题到底出在哪里呢？我很快就发现，佩卡很难区分一些字母和发音。他辅音掌握得不错，但是不会读元音。明白这一点之后，我就开始对他进行训练。

小孩佩卡：与阿斯伯格同行

我们进行了很多次同样的或者相似的测试。一开始，佩卡会犯很多错误，但是他很快就取得了进步，很快他就不再犯错误了。我发现他其实是一个做事坚持不懈的孩子。当我们练习做这个测试的时候，他比我还更能坚持。

记得一次圣诞节的时候，佩卡想吃巧克力。他说："作为交换，只要你给我巧克力，我就去读一本儿童书。"我告诉他，这样的话，他就得逐字逐句地把那本书背下来给我听。之后他真的去阅读背诵那本书。对他而言这并不简单，但是他做到了。假期结束的时候，他的阅读能力有了很大的提高。

在家的时候，我对佩卡的写作有严格的要求。我想让他写出正确的单词。有时候我让他一遍遍重复写同一个词，直到完全写正确。虽然这种爱很严格，但是最后结果很完美。

学校里学生太多，老师没有办法像我在家这样一对一地帮助佩卡。这也就是为什么孩子在学校里学习有问题的话老师应该跟家长沟通。最后佩卡的老师把我指定为佩卡的助教。

有时候孩子们的同学就像他们的兄弟姐妹，会为了提升班级整体情况去主动承担责任，处理各种问题。佩卡的老师跟我说，在学校里也出现了这样的情况。

佩卡非常喜欢滑冰，但是他经常会摔倒。他外面的裤子经常会湿透，不过还好他里面还有一条裤子没被打湿。

他也非常喜欢玩任天堂的游戏。我们经常在二手商店里给他买游戏卡。佩卡的朋友尼克有时候也会来我们家，跟佩卡一起玩游戏。

一年级居然有这么多考试，我觉得太奇怪了，其他的家长也跟我有一样的想法。佩卡在满分是 22 分的数学测验中得了 21 分。他的乘法表背得很熟。我把他的成绩单和大

小孩佩卡：与阿斯伯格同行

儿子安蒂的比较了一下，觉得佩卡的成绩还算不错。我又试着让佩卡做更多跟写作和阅读有关的游戏，因为他对数学比对其他科目明显更有兴趣。

我一直觉得佩卡的老师应该在他身上多下点功夫，多去了解他的情况。我向老师们建议，他们可以给佩卡增加一对一课外指导，几个小时就可以。老师一听就回绝了这个建议，因为要课外辅导的话必须有至少 5 个学生。这个提议只能被暂时搁置在一旁了。

有一次我们和心理医生去学校里开会。心理医生在开会前问我，如果他夸奖老师的话，我会不会生气。我说没关系。他知道学校对佩卡的态度是什么样的。在会议中，佩卡的老师和特殊需求的老师报告了佩卡在学校的表现，预测了之后可能会出现的问题。他们建议让佩卡转到特殊需求的学校。心理医生首先表达了对老师们的赞赏，感谢他们对这件事情的关注和努力，但也表示佩卡学习的进度是正常的。老师提醒我们，佩卡上三年级的时候可能会跟不上。特殊需求的老师着重强调了像佩卡这样的孩子转去专门学校的重要性，她一直在强调我们要为了孩子好。我尊重他们的看法，但并不同意他们的观点，我很想说："你们难道看不到我们所做的一切都是为了佩卡好吗？"

来自学校的压力

"一切都是为了孩子好"是人们常说的一句话。我过去常常认为，"为了孩子好"的衡量标准就是孩子的自尊心和幸福感。佩卡的问题还没有严重到需要课外辅导。学校向我保证，佩卡去特殊需求学校一段时间之后还能回到原来的班级，那里的课程和普通学校也是完全相同的。会议结束后我们离开了学校。我们走向车的时候，特殊需求学校的那位老师大声对心理医生说："我们只需要您的签名，孩子就可以离开这里了。"我感觉冷风袭来，仿佛吹进了我的骨髓。

小孩佩卡：与阿斯伯格同行

我给佩卡的老师打了电话。她告诉我佩卡现在应有的知识水平在什么位置，并且担心佩卡的学习能力。我们聊了许多话题，说到了临时工作、家人离世后家庭成员的责任（老师的父亲去世了）、葬礼、找新工作、教师培训等话题，后面又不停地讨论教学和临时工作的问题。

我参加了学校举行的公开活动，有机会了解到教师的工作有多么难。我想要和老师单独聊一聊，试着跟她预约了一下。不过她非常忙。她的父亲刚刚去世，身体也感觉不适。

佩卡的期中报告出来了，成绩显示他根本没有达到同龄学生应该达到的知识水平。我担心他可能需要重读一年。我想了很久，得出了结论，重读对佩卡的心理健康会有打击。重读会让他感到很沮丧。平时他就很抵触重复做一件事情，除非是他自己愿意做的事情。

然后，我发现了一件重要的事情，佩卡很喜欢学习和吸收新信息。当然他有点缺乏耐心，做事情也没有规划，不过他却很了解动物、兵器以及化学相关的知识。有时候我觉得他的实践思维和对事情精准的把握还挺好玩的。

我很强烈地感觉到，佩卡在学校所学到的东西比老师所认为的要多。例如，老师让我在家里给他补一些知识的时候，我发现他其实早就会了。类似的情况还有不少。

孩子间的"战争"

有时马蒂不想去上托儿所。他不停地说托儿所里面的老师喜欢骗他。早上他会埋怨这里痛那里疼，一到车上所有的疼痛又奇迹般地消失了。不过，至少他在学校交了一些朋友。自从发现佩卡的问题后，我对其他孩子的行为也更加注意。似乎当我的注意力放在佩卡身上的时候，马蒂就会故意用各种行为引起我的注意。

小孩佩卡：与阿斯伯格同行

马蒂三岁的时候就开始用电脑了。儿子们都在很小的时候就喜欢上了玩电脑。他们喜欢玩游戏，从"哈宝"到"江湖"都玩得不亦乐乎。孩子们和朋友一起玩游戏的时候，我作为母亲的工作就变成了给他们送吃的。

有一天佩卡打了马蒂，马蒂直接跑到大儿子安蒂那里告状。对于马蒂而言，这是他报复佩卡的方式。充满侠义的安蒂自然去帮了马蒂，摆平了这件事。

马蒂一直被迫承受着许多的取笑和欺凌。在他成长的过程中，他首先要和哥哥当面对质，之后又要处理与双胞胎弟弟们的冲突。

不用送两个孩子去托儿所让我大大地松了一口气。马蒂逐渐长大，可以下车之后自己走进托儿所。学校不允许父母直接把车停在托儿所门口，所以我得在远处停车，让马蒂自己走进学校。

繁忙的日子

在学校,有人在安蒂面前取笑佩卡。我让安蒂不要呆呆地坐着,他得维护自己的弟弟,或者至少让那些孩子不要打击佩卡。后来我意识到安蒂也只是个孩子而已,我这么向他提要求实在是太强人所难了。

安蒂有时候会发脾气,还会骂脏话,我也因此和他时有争吵。可以看出来他压力很大,不过,他还是可以信任的。有时候他会在外面待到很晚才回家,我在家里提心吊胆。他总是跟我说没有什么好担心的,他不会有什么意外。

小孩佩卡：与阿斯伯格同行

佩卡已经八岁了。我跟他说每天晚上睡觉之前我可以给他读一本书，他跑过去给我拿了两本书过来。一本是《小熊维尼的圣诞节故事》，另一本书非常大，讲的是不同狗的品种。佩卡把第二本书拿在手上，准备自己读。我有点糊涂了，问他："是要我自己在旁边安静地读小熊维尼吗？"

他想让我给他大声地读小熊维尼的故事，不过在我读的时候，他自己在一边读第二本书。他时不时地对自己读的内容发表一下看法，在这个时候，我就得暂停一下。或者有时候他突然凑过来，看看小熊维尼书上的图片。后来马蒂也加入了进来，跟我们一起听维尼熊的冒险故事。

不久之后，我给佩卡买了一本新书，讲的是一个叫作赖斯的小男孩和他粗心大意的爸爸的故事。佩卡对这本书没有什么兴趣。不过，他对我姐姐的一本讲酸性物质的化学书产生了兴趣。看到佩卡满腔热情地去读这么难的书，我感到很意外。他甚至晚上睡觉前也让我读这本书给他听。

我开始想，也许应该把他的儿童书换成纪实类的书了。

有一天，在马蒂的提议下，我们全家一起出去吃比萨。我给他们提出了一个条件，家里识字的孩子必须读完一本书才能出门。安蒂和佩卡都照做了。我还发现佩卡在我不知道的情况下，居然读完了6本桥梁书。他跟我讲了书里的内容，那几本书的情节佩卡都很喜欢。

每次佩卡在开始做一件事之前，心理上都很抵触。一旦开始了之后，他就完全没有问题了。他的学习动机时有时无，有时候只要让老师开心就很满足了。不过更大的孩子也常常不能理解学习的目的，也不明白这对他们的未来有什么影响。

佩卡有一次跟他的老师说，他太累了，做不了功课。老师接受了他的辩解。我觉得佩卡自以为自己表现得很好。但他也常常粗心大意，例如把几个词语连写成一个词。

小孩佩卡：与阿斯伯格同行

佩卡需要大量正面的鼓励。这就意味着不要接受他说"不知道""不会",至少一开始的时候要鼓励他去尝试。尽管如此,学校的老师很早就跟我们强调,佩卡上三年级的时候可能会跟不上。他们担心我们会应付不了上三年级之后的压力,每次开会的时候就会提起这件事。

我一直搞不懂的是,虽然三年级会有一些新的科目,但为什么三年级就得是一个分水岭呢?这个疑问也引发了热烈的讨论。我和安蒂,以及我的母亲都觉得三年级应该是一个很积极正面的时间段。我们几个人上三年级的时候都已经很好地适应了学校生活。

我跟佩卡提了一下留级的想法,他立马提出了反对。我试着跟他解释说,有时候如果分数太低的话,学生就不得不重新再读一年。他很明显有了压力,不过我迟早都得跟他谈这个话题——还是越早越好。谈过留级的话题之后,他学习的动力大增。现在回想起来,我觉得打分的系统对佩卡很适合，因为分数对他有很大的激励作用。

我不理解为什么人们不愿意去看事情积极的那一面。有一次，佩卡的老师跟我说，上课的时候学生需要根据其他同学画的画来编故事，有一个可怜的孩子分到了佩卡的画，真是难为他了。那次佩卡的画上只有棕色一种颜色。为什么老师不能换一种想法，觉得佩卡的画给了作者无穷的可能性呢？在他的画上，作者可以任意发挥，没有局限。

从错误中学习

我找到了一份为特殊需求老师设计的给学生用的试卷。这份试题的适用对象是二至三年级的学生。试题在大样本的孩子身上测试过，所以比较可靠。

有一天佩卡得了流感没去上学，我想正好用这个机会在家测试一下他。前一天他刚发了脾气,心情还没有完全恢复——经不起任何不必要的挑衅。我想,也许在学校发生了什么,才导致他这样。虽然我试着找到原因,却还是无果。另外一件让我担心的事情是他的感冒可能也会影响他的注意力。

不过,我还是把测试拿出来了,佩卡很不情愿。我试了好多种方法,威逼利诱,他还是不为所动。他说自己很累,并且第一项测试就已经又长又难了。我没有理会他的借口,让他继续做下去。

佩卡做测试时,一开始,他故意把所有的单词都写成大写。题目的要求是注意需要大写的字母,目的是展示学生的书写技能。佩卡写了几个单词,抱怨了一下;完成第一个任务之后,却又乐此不疲。我感到有点累了,但他非常热情,我不得不代替他继续完成测试。他开始向我发号施令,"现在写4,再写8"。

我算了一下分数，发现除了字母 u、n 和 m 上出了几个错之外，佩卡几乎拿到了满分。他在字母上面写了太多的点。周五早上上学之前，我告诉了他测试结果。我的目的是想告诉他，只要他将错误改正了，他就能拿满分了。他不同意我的说法，说学校里的老师说他的字母写得没问题。我说既然这样的话，就让他把学校的手写字母练习册拿回家，我们可以一起检查。他突然有了兴趣，就把练习册拿回家了。

周五的晚上我又给佩卡做了另外一套类似的测试。他不肯做，说自己已经做过了。我跟他强调熟能生巧。他提议，只做第一次做错了的题。经过漫长的协商之后，佩卡终于同意把整套题都做了。这次他做得非常棒，还让我仔细检查看有没有错误。他自己纠正了之前犯的几个错误，完成了试卷上所有空白的地方。试卷的听力部分没有出任何错误，只在阅读理解上犯了一个小错。总的来看，他好像对大部分答案都心里有数。这次连 u、n 和 m 3 个字母也写对了。很明显可以看到佩卡很擅长从错误中学习。

走丢了

我们一直试着解决的一个问题是,每次一有成年人走进房间,佩卡会立马关掉电视或者视频。有一次,电视上的动画片开始放的时候,我的丈夫正好坐在客厅里。佩卡开始如坐针毡,让他爸爸不要坐在那里了。他爸爸没有动,佩卡就气冲冲地走了。我尝试着把他叫回来,不过他是知道客厅里没有成年人了,才回去的。

又有一次,佩卡的弟弟马蒂正在看电视。动画片播放的时候,我突然走了进去。那时候佩卡九岁了,看到我进屋,让我马上离开。马蒂看到这个情况,劝佩卡说没关系,说我可以进来。但佩卡想要控制住局面,他把电视的音量调到最低,几乎都静音了。我跟佩卡解释说,我也想一起看。马蒂插进来说，动画片大人和小孩都可以看，但是大人的电视节目只能大人看。佩卡渐渐冷静了下来，我觉得马蒂好像说服了他哥哥。我突然意识到了一件事，有些问题好像用常识和创意就可以解决，没有一成不变的解决方案，或者说没有量身定制的育儿指南。

我们全家去哥本哈根动物园的时候，我突然发现佩卡不见了。我和安蒂到处找，都没有看到他的踪影。我一下子慌了，马上跑到动物园的服务中心找人帮忙。我很担心，因为佩卡只会说芬兰语，动物园里可能没有其他人听得懂他说什么。动物园的工作人员问我，佩卡发现自己走丢后会有什么反应。我一下子蒙了，想了很久，但是我真的不知道答案是什么。这样的无助感增加了我的痛苦。我向工作人员描述了佩卡的样子，我们开始分头找他。最后，安蒂找到了佩卡，佩卡那时候站在一群鹅的旁边。他忙着跟鹅说话，突然看到我们出现也没有丝毫不解。看到他脸上没有丝毫的紧张，我终于松了口气。

小孩佩卡：与阿斯伯格同行

这并不是佩卡第一次跟我们走散。有一次我们全家在芬兰泰尔瓦科斯基的一个游乐场，突然发现佩卡不见了。当时我们3个人一起找他，还好没用多久就找到了。即使在那个时候，佩卡也完全没有害怕，他甚至根本都不知道自己迷路了。

> 双胞胎已经睡着了。我决定去检查一下玻璃罐。瓢虫正在往外爬，而那只菜虫好像已经昏睡过去了。我把金属网打开，用一根小棍戳了戳虫子。它是死了，还是正在变形呢？无论我怎么戳，它依旧稳如泰山。我想第二天早上再去看。也许那个时候它就变成蝴蝶了吧。

有天佩卡从学校回来，我能感觉到他很开心。原来，他数学测试得了满分。我表扬了他，看来他已经学会怎么做算术了。安蒂走过来对佩卡说，他不会一直得满分的，以后我就只会表扬马蒂了。他又接着说："等到那时候，妈妈就不会在乎你了。"我听到之后很伤心。兄弟间竞争的本质就是这样。

安蒂还常常怪佩卡笨，虽然他们俩一起玩游戏的时候佩卡玩得已经很不错了。

任务"未完成"

有一天早上，我去叫孩子们起床。马蒂需要7点30分就到托儿所，所以我特地让他快点收拾。最后我们居然正点赶到了。我开车送马蒂的途中，还一直拿着手机，以防佩卡打电话给我。

小孩佩卡：与阿斯伯格同行

出门之前，我把佩卡带到了客厅。我问他早餐想吃什么，他没有回答我。因为赶时间，我就直接带着马蒂出门了。等我回到家，正准备给佩卡做早餐的时候，发现他不在家了。他已经自己去学校了。

我问安蒂到底发生了什么，佩卡到底吃早餐没有？安蒂说："他没吃，不过也没关系。""有关系的"，我心想，然后开车去学校找佩卡。在路上的时候，我在想，佩卡要是看到我这时候跑去学校接他回家，他会不会觉得不好意思。我跟他保证，接他回家吃早餐后就送他回学校。

到家之后，我发现香蕉有点老了，上面有了一些黑点，可能佩卡不愿意吃——通常他对这些事情很讲究。我知道其他人都不在乎这些细节，但是佩卡很在乎，于是我给佩卡做了点什锦麦片。他开始大口大口地吃，连牛奶都溅到裤子上了。我小心地把毛巾放到了他腿上。

我丈夫当时也在，他在滔滔不绝地谈论他的航班时间。我让他别说了，因为我正在照顾孩子——我既想要佩卡吃饱，又想要他准时到学校。不过我丈夫还是在不停地说，不仅如此，他还让我给佩卡吃一点香蕉，说："他不用吃完这一整盘麦片。"我那时候已经非常愤怒了，但是因为孩子在旁边，我不想让佩卡看到爸爸妈妈吵架，就拼命抑制住了自己的情绪。

我问佩卡是想要去上学还是继续吃。他说想去上学。我带他到学校的时候才发现铃声已经响了。

等我回到家，发现家里堆着几堆没洗的衣服。我什么时候才洗得完啊？等到终于洗完熨完一堆的时候，还有另外一堆在等着。这是一场名副其实的激烈战争。我洗得越多，发现还没洗的就越多——孩子们尿了不少床。

其实想起来也很可笑。在工作的时候，我习惯了要把手头的任务完成。一旦任务完成了，就不需要再重新开始了。

但在家里的时候，我的状态总是"未完成"，因为总是有好多事做不完。还有一点不同是，我从没有被训练过做家务。我从来没有学过怎么洗衣服、怎么打扫卫生。最难办的事情是，孩子受伤之后我要怎么办。因为孩子们都说不出来究竟是哪里痛。

生活对于有3个孩子的母亲来说，并不总是轻松的。我得时刻集中眼力，检查地上的每一个坑坑洼洼，在每个十字路口停下来。孩子的领地不停地拓宽，尤其是等他们学会骑自行车后——这也是让我这个做母亲的担忧的事情。是的，对于孩子来说，这是巨大的一步，不过我跟不上了。安蒂六岁的时候骑自行车，在我不知道的情况下，一路骑到了附近的售货亭。我是后来从他朋友的妈妈口中才知道这件事的。

繁忙的日子

我很早就醒来了,这时候其他人都还在睡觉。我去了屋外的小院,欣赏清晨的露水。我走到了豌豆的枝蔓旁边,看那花朵和叶子上的露珠,清澈透明,闪闪发光。真美啊!我跑进屋子里去拿相机,想要捕捉这美妙动人的一幕。这是个静谧的清晨。我坐下来,看着周围的景色,感受这芬芳。

判断失误

在佩卡二年级快结束的时候，我被叫到学校开会。参会的有当时正在教佩卡的老师，即将接应佩卡的三年级老师，以及特教老师。在此之前，我已经就佩卡的诊断结果和心理学家马库达成了一致，确定了佩卡有阿斯伯格综合征。会议的主题是讨论佩卡上三年级的事情。学校的建议是把佩卡转到新的班级。三年级老师也表示她会组建一个新的班级，人数更少，佩卡可以到那个班上去。这位老师告诉我她的儿子有图雷特氏综合征。我对这个症状有些许了解，她说在芬兰，没有人比她更了解图雷特氏综合征了。

她还跟我分享了曾经去一个学生家里拜访的故事,那个学生也有同样的情况。她还说,家里空空荡荡的墙壁,是让她看了最沮丧的事情。

会议中间发生了一件很奇怪的事,我能够明显感觉到老师们彼此意见不同。新老师强调的是学校的氛围一定要好,觉得放学之后留堂没有必要。佩卡的老师听到之后表示无法苟同,因为她非常相信留堂的作用。我和特教老师两人,试着在两种看法中间找到平衡点。

会议结束后,我们经过老师办公室。有一位老师走进办公室,吃完了之前留下来的沙拉,另外一个老师嘲弄地说:"你不是最近在减肥吗?"我回到家后想到新老师的背景,顿时觉得安心了不少。她跟我说她的儿子比佩卡大一岁,非常聪明,而她的教育方法就是经常表扬孩子,尤其是当孩子表现很好的时候。我感觉她很会教孩子。

小孩佩卡：与阿斯伯格同行

佩卡就这样升到了三年级。他的班上有 20 个学生。小班的好处当然不用多说，就是交朋友的难度可能增加了一点。不过，对于佩卡来说，最重要的就是要培养集体感和归属感。我后来问老师佩卡的表现如何。她说："挺不错的。"让她很讶异的是，佩卡在学校非常冷静。她问我："他在家里的时候会发脾气吗？"我有点不明白她为什么要问这个问题。她不止一次问我佩卡在家里的情况。最后，我买了一本讲图雷特氏综合征的书。读着读着，我慢慢开始明白了这些问题都来源于解读图雷特氏综合征的孩子。

所谓的"综合征"，意思是没有一个特定的、可以立马辨认出来的症状，而是一系列的特征和表现的集合。但一般情况下，这些症状之间也有某种联系。

佩卡九岁的时候，在医院里观察了一个月，诊断出有阿斯伯格综合征。诊断结果也显示他在足球上有一定的天赋，这在有阿斯伯格综合征的孩子里并不常见。医生还说佩卡的人际交往能力不错。不过，他也经常在街上乱跑，非常危险。然而，神经专家也说，佩卡没有表现出阿斯伯格综合征最常见的症状。

我们在康复和发展中心申请了一周的包食宿体验。他们有一个专门的小组，里面有8个有阿斯伯格综合征的孩子。

申请成功后，我感觉非常轻松——什么事情都不用我们管，有工作人员负责孩子的饮食和照顾，还给父母安排了活动。有一些集体活动非常困难。当时我们被带到一堵很高的墙下面，任务是要爬过去。一开始的时候，所有的父母都一筹莫展。经过集体策划和讨论之后，我们终于成功地爬了过去。家长们也聚在一起谈论孩子的情况，就好像一个互助小组一样，我也从中学到了不少。大儿子也有机会和心理医生面对面地聊了聊。

我们收到了专家给佩卡的反馈——"喜欢谈论自己的生活。知道换位思考。做事主动,勇于寻求帮助。吃饭时有秩序,能够耐心等候。"

活动期间工作人员召集家长一起开会的时候,我注意到他们给了佩卡很高的评价,说他总是最先一个完成任务的。佩卡的例子也鼓舞了其他的孩子。

相比于听觉注意力,佩卡在视觉注意力上取得了更高的分数,但他很难分散注意力。他在注意力控制上也展示出了一定的不足,但是他很擅长做计划,不过,随机应变就是另外一回事了。

从上学的第一天起,我每周都会带佩卡去家庭咨询诊所。我觉得还是不要跟他说我们是去看心理医生,所以我每次都跟他说我们要去拜访塞拉。我去的时候会顺便带上给他买的碟片,这样诊所里的小朋友可以一起看。我在那里也会跟佩卡以前的心理医生马库聊一聊，我们也因此成了很好的朋友。

晚上孩子睡觉前，我会把新闻里发生的事情改编成故事讲给他们听。讲完之后，我会让孩子们给故事想一个标题。通常佩卡都是那个选主题的人，这也方便我了解他到底在想什么。他后来长大了还常常记起那些时刻。那也是我们母子相处的美好时光。后来，这成了我们家里的一个传统，孩子们都跑过来听我讲故事。我尽量把那些故事编得无厘头一点，同时还要有教育意义和批判性。

在家的时候，如果佩卡在认知能力上取得了进步，我会提出表扬，这一点很重要。例如，数学就是很重要的一个方面。这么做的意义在于我要承认他擅长的领域。让孩子在家的时候能够无忧无虑地做自己，那就再好不过了。父母应该要意识到孩子的潜力。所以，我想继续带佩卡去做心理测验。

小孩佩卡：与阿斯伯格同行

佩卡的老师说，她的基本原则就是要把学校变成一个愉快的场所。留校察看只在一种情况下才会实施——当有学生实施校园暴力的时候。连佩卡都跟我说了他老师的教学方针。老师跟家长表示，他们不用担心孩子能做什么，老师会尤其注意培养孩子的社交技能，也会根据不同孩子的特点因材施教。

我去托儿所接马蒂的时候，正好碰到了佩卡的英语老师。她正好也去托儿所接孩子。她跟我说，她想要进一步了解佩卡，因为佩卡的班主任老师没有跟她细聊佩卡的情况，所以她也想加入我和学校老师的会议。英语考试的满分是 10 分，佩卡拿到了 8 分。

周三的会议开始之前我有点紧张。我很明显地感觉到，事情有点不对劲。不过，从另一个角度讲，好像也没有明确的解决方案。老师在很多方面引起了我的注意。例如，她不知道佩卡在英语课上的表现如何。我个人认为，

判断失误

学外语可能是进入三年级之后最大的一个挑战。在会上,老师说佩卡没办法完成三年级的所有任务。但是在二月的时候,她还信誓旦旦地说佩卡肯定没问题。她的说法前后矛盾。

会议刚开始的时候,佩卡的老师就和特教老师聊起来了,说自己的儿子三岁的时候就会认字了。我无意中听到了她们谈话的内容,但是我不知道心理医生有没有听到。

佩卡在乘法测试上拿到了满分,环境课上也拿到了90分。在创意写作练习上,老师写给佩卡的评语是:"一个错误都没有。"就他目前的表现而言,他是在进步的,这一点我完全不担心。但是佩卡的老师推翻了我所有的结论,把佩卡取得的所有进步——我觉得很积极正面的进步——全部都推翻了。

听说佩卡情人节收到了两张卡片,我很开心。不过这

小孩佩卡：与阿斯伯格同行

个幸福很短暂——老师告诉我两张卡片都是她送的。她说，在过去的六个多月里，她一直在根据佩卡的需求调整自己的教学方法。

我心想，可能她有点慌了，说不定没讲真话。也许她想把我的注意力转移到佩卡的社交技能上，这样我就不会管他的学习成绩了。不过，我也只是猜测了一下而已。也许佩卡的测试结果就是他的能力体现吧。

思考这么多之后，我便想带佩卡离开学校的环境，再去测试一下，看看结果如何。毕竟，老师把几个月前和现在的情况都搞混了。在家庭诊所的会议上，我和心理医生都尝试着把讨论的话题转移到佩卡最近的状况上来。

老师拿起一张有猫的图画，说佩卡认不出来画中的猫。心理医生回答说，这是典型的阿斯伯格综合征的症状，因为他们会过于专注于其他的细节，而无法从整体上观察图片。不过，我们搞不懂的是这是由什么引起的。

佩卡时刻表现出焦虑的情绪，也常常缺乏热情，这让他的几个老师都很担心。我觉得很奇怪，因为和心理医生开会的时候，他们都没有表示过这样的担忧。难道学校找心理医生不是寻求建议、分享进步吗？或者，也许佩卡根本就没有问题？也许老师们觉得他们不需要心理医生的建议？

很多事情看起来好像都很奇怪。我猜这也许跟佩卡老师自己的经历和背景有关。也许她小时候是个尖子生？因为佩卡拿到 80 分的时候，她好像还觉得考得不好。我很确定的是，她所倡导的"宽容政策"一定是来自她自己的经历。

为了提升佩卡的自尊心，老师制订了一个计划。计划包括很多项，但是重点是要根据佩卡的个人能力为他量身定做测试内容。我倒是觉得保持原样挺好的,这样佩卡可以看到自己擅长什么、不擅长什么,才可以更准确地认识自己的能力水平。

每次涉及佩卡的时候,总是有些弄不清楚的地方,不过这种感觉我已经不陌生了。我想,也许是因为佩卡跟其他人太不一样了吧。但是,这种差异,是否就意味着存在困难、不足甚至缺陷呢?我不觉得。当然,你硬要说的话,确实存在一些冲突,可能会表现成他的缺点。比如,有时候,他想要什么,或者想表达什么,却没有办法用事实来支撑,导致常常会出现误解和混乱。偶尔我也会感慨,为什么一切都是一团糟。

关于转学的抉择

后来,佩卡三年级的老师、特教老师、学校的社工和

判断失误

校长都来跟我做工作,劝我把佩卡转去特殊需求的学校。老师说很担心佩卡上学路上有问题。佩卡曾经说过,他很怕上学的时候路上突然有沟,自己掉下去。心理医生听到了很欣慰,至少佩卡愿意把自己的想法表达出来。我认为,要担心他上学路上有什么问题,也是我的责任,而不是他们该操心的。关于给佩卡转学的问题,我们进行了很多的讨论和协商。家庭诊所的心理医生跟我站在一边,可惜他不能每次都参加会议,所以我一个人顶着很多压力。校长的态度非常坚定,说自己管理学校 20 多年了,不会有错的。

在此之前,我把其他有阿斯伯格综合征孩子的母亲聚到了一起,创立了一个俱乐部。我们在网上沟通,一起讨论孩子在学校里的情况。听完其他家庭分享他们的故事之后,我感觉受到了启发。我们组里面所有的孩子都还是在普通的学校上学,其中有些孩子还在托儿所,有些已经上小学了。我们创立这个小组的目的就是互相鼓励。似乎里

小孩佩卡：与阿斯伯格同行

面每个孩子进入社会的时候,都经历了或多或少的困难。

我注意到,有阿斯伯格综合征的孩子和普通孩子之间有很大的差别,不仅表现在性格上,在学校遇到的问题也截然不同。我发现其他的阿斯伯格综合征孩子的家长会让自己的孩子远离外面的世界。而我,刚好相反,我把这件事情当作了一个挑战。我去哪里都会带上佩卡。我觉得他需要学会适应社会。当然,这也时刻让我陷入窘境。

我越来越觉得普通的学校更适合佩卡。我想了一下转学会对他的自尊造成的影响。如果真的转学了,佩卡会以为自己不属于普通学校,并且每天都会有出租车来接他上下学,会更加限制他和外界的接触,他会对路上的沟壑更加畏惧。不过,特殊需求学校不会单独给佩卡补课,这可能是我能想到的转学能够带给他的唯一好处了。

佩卡三年级上学期的报告说他很懒。圣诞节放假的时候,我问了一下佩卡,他觉得受到了冒犯。我跟老师联系,说佩卡听到这个形容词很生气。老师也觉得很愤愤不平,她很坚定地表达了自己的看法,说佩卡确实很懒,他需要认清这个事实。她还说,她儿子的报告上面写着他在课堂上大喊大叫,后来他自己也承认了,而佩卡需要敢作敢当。

我意识到,再解释下去也无用了。我想,也许他的老师不太会解读阿斯伯格综合征孩子的表情和习惯,这会影响她的看法。下学期的时候,佩卡的报告上又提到了"懒"这个字。

圣诞节过后,九岁的佩卡和我一起把圣诞树上所有的装饰物都取了下来。佩卡心血来潮,想要试一下电动蜡烛。不过,他把玻璃灯泡拆下来之后,却怎么也拧不上去了,于是他来找我帮忙。我知道这个灯已经坏了,整套灯也报废了。佩卡看我表情凝重,觉得很难过,对我说:"妈妈,没关系的。你还有我啊!这不是更重要吗?"我没有

小孩佩卡：与阿斯伯格同行

马上回答他,他又加了一句,"要是你儿子不在了,不是更惨吗?"我立马表示他说得对。虽然灯坏了是件小事,但我还是有点难受。

三年级的时候,佩卡开始口吃。老师催我带佩卡去做语言治疗。在家庭诊所的时候我提到了这件事,不过医生向我保证,不用这么着急,以后多的是时间治疗。虽然医生这么说,我还是去买了一个治疗口吃的课程。视频里的老师把情况说得很严重,让我觉得佩卡的未来一片黯淡。我心想,应该没有太大的障碍吧,大学教授都有口吃的时候。幸运的是,佩卡后来换了学校就再也没有口吃了。现在我都快记不起他曾经还口吃过了。

我和佩卡常常一起看学英文的教育片。那些碟片是我5年前买给他的,那时候他四岁。视频里面的任务是给十岁的孩子设计的。佩卡看到之后马上告诉我说他在学校里学了除法。不过他做除法的时候我们看得很着急,因为他好像对除法没有概念,都是靠猜的。

我开始教佩卡做除法，告诉他乘法反过来就是除法了，这个方法好像不怎么管用。我的丈夫倒是挺有办法的，他举了一个例子：妈妈有 15 个肉桂卷，要分给 3 个男孩子，怎么分呢？不过我还是觉得我的方法让佩卡更迅速地理解了除法的概念。后来我才发现佩卡的班上还没有开始教除法，有一个班已经学了，但是他的班上还没有开始。所以，我儿子好像还知道其他班上课的内容。

> 双胞胎睡着了。我出门去看玻璃罐里的虫子。它开始蜕变了吗？还是已经变成蝴蝶了？我走近玻璃罐，迎接我的不是蝴蝶，而是一只看起来死了的虫子。蝴蝶未能经历蜕变让我有点伤心。我的实验就这么失败了。那我要再找一只虫子，从头开始吗？

派对狂欢

我和孩子们曾经在电视上看过一个讲禁毒的节目。有一天,我决定要跟九岁的佩卡和五岁的马蒂聊一聊这个话题。他们仔细思考了这个问题,又提出了很多的疑问。我在旁边看着他们慢慢理解的过程,觉得特别有趣。他们得出的结论是,卖毒品的都是罪犯。第二天早上,我跟已经十五岁的安蒂聊了同样的话题,他的反应是:"妈妈,你不用跟我说这些。我又不傻。我不会吸毒的,也没有人要卖毒品给我。"

派对狂欢

我跟孩子们说,让他们警惕坏人。要是不注意的话,可能会发生严重的后果,让他们不要随便接受陌生人递过来的礼物和糖果。我还记得小的时候我妈妈也警告过我,不过那时候我还不懂事,她觉得我永远都不会拒绝好吃的糖果。我倒是希望现在的小孩子没那么喜欢吃糖了。我相信我的孩子比我小时候聪明多了。

佩卡有一天从学校回家,突然问我:"妈妈,强奸是什么意思?"我当时还奇怪他是从哪里听到的,后来才想起好像最近有新闻报道过。受害者是一位叫作伊芙琳娜的女孩。这又是一件我需要解释的事情。我不可能让孩子们完全不接触新闻头条,也无法让他们不看电视。就算我不说他们也会在别的地方看到。为了跟他们解释一些不好说的概念,我那天还看了一部日间电视剧。

丹麦之旅

我们准备全家去丹麦的乐高主题乐园玩,不过孩子们的爸爸太忙了,只能我带 3 个孩子去。虽然中间出了一点小插曲,差一点就迷路了,不过我们玩得很开心。我们到达哥本哈根比隆机场的时候已经是深夜了,我以为在机场附近找酒店会很简单。当时天很黑,我们迷路了。我完全没有预想到会发生这样的情况,我都记不太清楚具体发生了什么。不过,还好最后我们找到了一家酒店入住。

在主题乐园的时候,我很偶然地坐上了过山车。我知道马蒂很想玩,不过我一直都对过山车和鬼屋提不起兴趣。车子开动了,我变得很害怕,紧紧抓住马蒂的胳膊,不敢松开。安蒂和佩卡两个坐在我们前面。我全程闭着眼,祈祷这架高速列车可以快点停下来。终于到达终点后,我松了一口气。走出去的时候,我看到照片亭里有我和孩子们在过山车上的照片。照片里我紧闭着双眼,抓着马蒂的胳膊,苦笑着。虽然不怎么好看,我还是把照片买了下来。

佩卡和马蒂都觉得很不好意思。照片把我们的恐惧和泪水展现得淋漓尽致，当然，还有安蒂受到惊吓时大张的嘴巴。他尽全力地向我们解释其实他没有那么怕。我们全家人对照片所呈现出来的样子都不是很满意。

后来孩子们又去玩乐高监狱探险。探险没有成功，他们三个被困在了"牢房"里。安蒂和马蒂笑得不行，但是佩卡已经要哭了。对于佩卡而言，这次探险就好像真的一样，一切都是真实存在的，所以他完全不能感受到其中的乐趣。不过安蒂和马蒂知道这是假的，所以玩得非常尽兴。

如果你发现你的孩子在用刀划手腕，你该怎么做？在丹麦的时候，我偶然发现佩卡在割腕，并且那已经不是他第一次这么做了。我知道，如果发生这样的事情，只能说明情况非常糟糕。我把这件事报告给了心理医生，并且尽最大的可能用温柔的态度对待佩卡。我当时很受惊吓，现在我都记不清楚当时他是如何才停下来的。

小孩佩卡：与阿斯伯格同行

那段时间我和丈夫之间也产生了很多的冲突和隔阂。我无法理解的是,他为什么把工作和老板看得比家庭更重要。他没办法陪我们去丹麦——因为工作最重要。他说很抱歉不能一起过去,但他是真的走不开。不过,他承诺要带我们全家去意大利过周末。我等了很久,也没有等到他兑现诺言。

在丹麦哥本哈根的时候,我和孩子们遇到了一些芬兰的游客——我们正好在酒店的电梯里遇到他们。他们跟我们讲了一些恐怖故事,讲别人被困在电梯里的遭遇。还好,我们乘坐的电梯停了下来,门开了。我感觉脑袋晕晕忽忽的,孩子们也被吓到了。看来进电梯前我得先看看里面都有哪些人。

有时候,我觉得孩子们非常乐观,他们很容易在最糟糕的情况下发现事情好的一面。

安蒂曾经说:"我们可以直接从酒店外面坐公交到市中

心，实在是太幸福啦！"

佩卡踢足球的时候摔了一跤，还摔得不轻，他那时候说："我实在是太幸运了！摔倒的时候地上没有蚂蚁。"

马蒂不小心把牛奶撒到了餐桌上，他说："还好桌布是塑料的，不是布的。"

我只希望两个双胞胎可以像他们一样乐观。

对于佩卡来说，一切进展都很顺利。哥哥安蒂也常常照看他，特别是确定他的外表要得体，衣柜要整洁。安蒂是孩子，比我们成年人更懂得孩子们的"社交圈"是什么样的。马蒂教佩卡怎么玩角色扮演。不过，佩卡玩游戏有自己的一套。比如，他假装自己是一条小狗，我们还时不时听到他模仿狼的叫声。

小孩佩卡：与阿斯伯格同行

佩卡和他的朋友

我有时候会去听佩卡和他的朋友在聊些什么。听到他们互相帮助,我感到很开心。看到友谊就此生根发芽,实在是一件很暖心的事情。与阿斯伯格综合征同行的往往是某种程度上的社交障碍,他们可能很难交到朋友,尤其是进入社会之后。

佩卡上学的前几年,还是交到了一些不错的朋友。有些跟他同龄,还有些比他稍大一些。有时候他的朋友们会来我们家找佩卡玩,结果却是他们在客厅的地上玩游戏,佩卡自己坐在一边看漫画书。不过,他们也有玩得融洽的时候。

安蒂有次跑来问我:"为什么佩卡的朋友都在家里,佩卡自己在外面玩啊?"

然而，朋友对于佩卡而言很重要。偶尔我还听到他的朋友们在谈论生活中的烦恼。可能对于孩子的成长来说，朋友比父母带来的影响更大。

佩卡开始上四年级的时候，我让他把一份签了字的报告带去学校。开学第一天，所有事情都准备就绪了。中间我给佩卡打了个电话，他跟我说老师没有要他的报告。我有点糊涂了。难道我签的字有问题吗？他下午放学回家后，我才想起来报告应该放在一个塑料文件夹里。但文件夹不知道被我丢到哪里了。在银行上班的时候，我桌上有数不清的文件夹，根本没有注意是不是多了一个。由于我的失误，佩卡没有交成报告，我感到有点内疚。因为我把文件夹弄丢了，老师应该惩罚我才对。

遇到不懂的问题的时候，是可以寻求帮助的。上学期，佩卡在学校的表现不错。不过，老师还是不清楚该怎么教佩卡，这成了一个问题。家庭诊所的心理医生给老师打了电话，专门讨论这个问题。

小孩佩卡：与阿斯伯格同行

> 双胞胎睡着了。现在我终于有时间去看看实验进展如何了。昆虫变形的过程是很难观察到的。也许我的实验从一开始就注定了失败。不过，我真的很想见证昆虫脱胎换骨的过程。我已经尽了自己最大的努力。瓢虫还活蹦乱跳的。我把它们放了。小瓢虫，尽情飞翔吧！

马蒂的生日派对

马蒂在没有经过我同意的情况下，邀请了不少人来参加他的生日派对。我听到消息还有点震惊——我五岁的儿子在邀请朋友参加派对。同事帮我在网上找到了儿童派对的一些点子。我也在网上找了些邀请函，打印了出来。

我丈夫周五不用上班，所以他把家里打扫了一下。说实话，我也没有精力去打扫了。我工作很忙，要给新入职的员工做培训。周日的时候，我为生日派对做了个蛋糕。派对将在周一举行。

除了我自己的孩子，还有 8 个孩子要来参加派对。派对进行得很顺利，快到结束的时候，大家好像都不愿意离开。我心满意足，觉得自己是不是入错了行。我要是去当幼儿教师的话，应该也不错——我会遇到很多天真无邪的孩子，可以尽情享受生活，或许还能治愈这个世界。虽然派对后我感到筋疲力尽,但我还是希望派对可以更频繁一点。

当时马蒂宣布他要开派对的时候,我埋怨了几句。他安慰我说:"没办法,生活就是这样。"我也常常教育孩子,告诉他们钱不是树上长出来的,人生也不可能事事如意。

我丈夫在伦敦出差的时候,给马蒂买了两套衣服,一套警察服,一套医生服。马蒂非常喜欢那套警察服,从夏天一直穿到秋天,甚至有一次去商店买东西也穿着去。路人纷纷向我们行注目礼,有个女生还专门走到马蒂面前说:"警察先生,银行出事了,我们需要您马上过去。"不过,我也没问她是不是真的有不好的事情发生。

圣诞节期间,马蒂在托儿所的圣诞戏剧表演中饰演男主角。那部戏剧的名字是《小天使》。我和丈夫两个人都去看他表演。当时所有的孩子都穿得光鲜亮丽,只有马蒂一个人穿着平时的衣服。虽然他看起来还是很干净帅气,我

派对狂欢

还是感到很愧疚。不过,马蒂是整场戏里唯一穿上了天使服的人。孩子们唱着一首小天使的歌围着马蒂跳舞。天使的部分结束后,老师给孩子们发了精灵帽。不过,马蒂是里面唯一没有拿帽子的,也没参加后面的游戏部分。我有点弄不明白,不过心想也许是他累了。我知道不是因为他不会唱歌,因为在家里的时候他全部唱给我听过。后来我问老师,事情才慢慢明了起来。一开始,老师并没有给孩子们分配角色。彩排的时候,因为每个人都演过小天使了,只有马蒂没演过,心情有点沮丧。他退到了后台,大家都不知道到底怎么了。后来,老师和孩子们一致决定,让马蒂来演小天使。彩排的时候他没有参与游戏,最后表演的时候也没有。

马蒂五岁的时候跟佩卡一样,经常一个人玩、看漫画书。在家里的时候,马蒂喜欢对很多事情发表意见。有时候,他还得等到所有人都上床了,才去睡觉。虽然马蒂比佩卡小几岁,他却常常照顾佩卡。

兔子的故事

门铃响了。我没有立刻去开门,而是等了一会儿。那是个秋季的傍晚,我正在上网。开门的时候有点费劲,好像有东西堵在了门口。孩子们有时候出去得太着急,就把东西直接放在了门口。不过今天孩子们都在家,我有点疑惑。

门口有一个黑盒子,旁边有一张纸条,纸条上写着"请好好照顾我,谢谢!"过了一会儿我才反应过来要去打开盒子。我慢慢地把盖子打开,有一只形似老鼠的动物从里面掉了出来，而且盒子里还有东西在动。我尖叫了出来。

我丈夫和安蒂赶到门口，看我是不是出了什么事。我受到惊吓之后，连忙把掉出来的不明生物放回了盒子里，把盖子盖上。我丈夫和安蒂都以为这是别人的恶作剧，以为有人藏在角落里等着看笑话，但周围什么人都没有。

我们把盒子拿进了家里，仔细观察里面到底是什么。马蒂和佩卡也赶过来看热闹。结果里面是4只刚出生的小动物，眼睛都还没睁开。有两只是白色的，另外两只分别是棕色和黑色。它们刚刚长毛不久，颜色也才依稀可见，耳朵长得还有点奇怪。这些动物究竟是什么物种，我们讨论了半天也没得到统一的答案。盒子里还有两罐奶粉和一根吸管。可以看出来它们刚出生不久就和母亲分开了。

我们热好了牛奶，准备喂喂新来的小客人们。我把它们一个个抱了起来。喂牛奶的过程历经了一点小波折

——它们总是动来动去,也不知道怎么用吸管。门牙也是一大问题。盒子里有些棉花和木屑,这成了它们的新家。

喂饱这群小客人后,我们把它们重新放回盒子里,合上了盖子。我们决定去翻书,寻找问题的答案,看看它们到底是什么物种。经过一番查阅之后,我们终于得出了结论——这是一群小兔子。辨别出来还是很困难的,毕竟它们才刚出生不久。

第二天早上我们还是照样给它们喂牛奶。我丈夫正好在休病假,所以他留在家照顾小兔子。我工作到很晚才回家,等我回到家的时候,我丈夫正好在给它们喂牛奶。小兔子们看起来状态不错,不过那只白色的好像有点疲惫。它们的妈妈到哪儿去了呢?

安蒂去了图书馆,借了两本讲兔子的书回家。在一本书里面有4天大的兔子的图片,跟我们家的很像。现在我们可以确定它们真的是兔子了。我翻了整本书，里面讲了如何选择兔子的种类，养兔子之前该注意什么，其详细程度让我很讶异。很久以前，有人为了让孩子可以在更好的环境下长大，甚至把孩子送到别人家门口，从此骨肉分离。

书上说，刚出生的兔子前 6 周应该和兔妈妈待在一起，最好待满 8 周，等到它们可以自己生存了再离开母亲。书里也说有时候兔妈妈死了，兔宝宝就没办法活下去了。如果兔妈妈在孩子满 12 天之前死去，那兔宝宝也存活不了。刚出生的兔子 7~9 天后才会张开眼睛。

我们家的小兔子这么小就离开了母亲，活下去的机会很渺茫。不过，不管结果如何，我们还是尽心尽力地照顾它们。在兔子的世界里，要是兔宝宝很虚弱，可能就会被母亲丢弃了。

我们给两只白兔取名为皮可和纳诺，棕色的叫麦加，黑色的叫吉嘉。我们最开始就发现，吉嘉好像是里面最强壮的一个。我们第一次打开盒子的时候，它就躺在另外 3 只的上面。

　　书上讲了很多兔子肠道消化的知识，看起来非常复杂。里面还说到了兔子妈妈会怎么照顾刚出生的兔宝宝。人如果要代替兔妈妈照顾小兔，就得在喂食的时候揉小兔的肚子。我们采用了这种策略。

　　晚上给麦加喂牛奶的时候不太顺利。兔宝宝们一起睡在送来的盒子里面，盒子放在桌子上。一开始的时候盒子放在门边，不过好像对于它们来说太干燥了，所以相比较之下，桌子是个不错的地方。

　　第二天早上，我又照常给兔宝宝们喂奶。我喂完其他 3 只，正要喂皮可的时候，却发现它一动不动。它已经死了。

兔子的故事

我用厨房纸巾把皮可包好,放到了桌上。它的死来得太突然了,谁都没有预料到。不过,同时照顾好4只兔子也超出了我们的能力。

下午的时候,我丈夫把黑盒子移到了离暖气片近一点的地方。我下班回到家,觉得兔宝宝们看起来状态不错,于是我们两人决定出门与朋友约会。我们不在家的期间,安蒂负责喂它们。晚上我们把兔子放回盒子里,把盒子放到了暖气片旁边。

我把闹钟设置到了早上4点,想早点喂兔宝宝们。我想,就跟小婴儿一样,兔宝宝晚上也会饿的吧。去看它们的时候,纳诺已经不在了,只剩下了吉嘉和麦加。等到早上的时候,只有吉嘉还有呼吸。

我把纳诺和麦加的尸体用厨房纸巾包了起来,让丈夫把它们埋到了后院,和皮可葬在了一起。回来的时候,看

小孩佩卡：与阿斯伯格同行

到吉嘉还是生龙活虎地四处乱跑，我很是欣慰。希望它可以活下来。

到周五的时候，吉嘉已经在我们家待了3天了。我的丈夫在花园里切了一些木片，带进屋里来烘干，想用木屑来清理吉嘉的木盒。毕竟，良好的卫生环境对于动物的生存而言是很重要的。我又买了一些医用棉花，撕碎了放到了盒子里，改善一下盒子里的气味。

那个周五的晚上，吉嘉精神不错，待在盒子里等我们去喂它。我逗它玩了一会，觉得它好像认得出我了。

我把吉嘉放到了桌子上，让它在桌面走来走去。可以看得出它非常努力地试着往前走，但是脚好像不听使唤。我把它放到了手上，感受它的温度——那么小的一只生物。家里牛奶喝完了，我让安蒂回家时顺便买点回来。他知道是给吉嘉买的，很快就带着牛奶回到了家里。

我又把闹钟定到了半夜,但是闹钟一响我又按下去睡着了。不过还好没关系——周六早上吉嘉状态还不错。用来喂它的那只小管看起来好像越来越小了。吉嘉的眼睛还是闭着的。我想,如果它眼睛一直睁不开的话,我们照顾它可能就很困难了。

我和丈夫把吉嘉当作婴儿一样照顾。跟吉嘉一样大的婴儿,应该还和母亲一起在医院里,会有专人照顾他。婴儿会大声哭闹,表达自己的需求,比兔子容易捉摸一些。

我们要怎么知道吉嘉想要什么呢?什么量对它来说太多了,什么是刚刚好?有太多的问题没有答案。

我们想要给吉嘉找一个专门的奶瓶。我们首先去了宠物店,不过里面的东西都太大了,比吉嘉的体型还要大,所以我们空手而归。我们又去了另外一个商场,以为在那里可以找到合适的奶瓶。可惜结果还是一样,里面没有合

小孩佩卡：与阿斯伯格同行

适吉嘉用的。

我想去药店里碰碰运气，不过去那里之前，我们先去了爱多乐超市。这个超市里有各种各样的塑料制品，我们在一堆儿童玩具里找到了一个小奶瓶，觉得这个尺寸正好合适。我丈夫还买了一个小的塑料瓶，一根可弯曲的塑料管来模拟奶瓶，作为备用。

回家后，我们热好了牛奶，倒入了新奶瓶里。为了方便吉嘉用嘴吸，我们在奶嘴上刺了几个小洞。我把奶瓶拿到了吉嘉那里，发现它已经没有了呼吸。它已经死了。

看到这一幕后，我们非常伤心。我们希望吉嘉能跟我们待在一起，慢慢长大。这段时间里，吉嘉已经跟我们很亲近了，现在一切都结束了。4只小兔陆续离世，连吉嘉也不在了。

我丈夫和安蒂埋葬了吉嘉。我早早上了床，心里很难受。

我们全家都被悲伤的情绪笼罩着，整个周末都待在客厅里，相拥着度过，没有人想要出门。这一幕让我想到，我们婚姻里这样的时刻少之又少。但是这一次，我和丈夫维持了婚姻的表象，至少他不用赶飞机去别的地方。我跟他说："我希望你可以多回家，在家里待久一点。"他答应我，以后尽量去近一点的地方。我的心愿得到了回应，不过，这仅仅维持了一小段时间。

到了周日，我们决定养一只小猫。除了小猫，兔子是第二选择。但是无论我们养的动物是什么，都无法取代吉嘉。幸运的是，我们和孩子们相处没有和兔子相处时那样不知所措。孩子需要父母，等他们长大了，也需要属于自己的家庭。我们庆幸给了孩子们一个完整的家庭。

小孩佩卡：与阿斯伯格同行

慢慢地,我对丈夫的长期出差,越来越无法忍受,但我不想拆散我们的家庭。这时候,我也发现我对别人产生了好感。尽管如此,我心里还是有一丝盼望,希望丈夫可以回心转意,拯救我们的婚姻。

几个月后,佩卡突然把兔子的死亡怪在了我的身上。他站在花园里,愤怒地指责我对兔子照顾不周。我害怕邻居会听到他的大喊大叫,劝他冷静下来。我试着向他解释——我们真的无能为力了。我还说,照顾那么小的兔宝宝根本就是不可能完成的任务。我不知道佩卡能否理解我说的话。这是阿斯伯格综合征的孩子无法理解的事情吗?他似乎也不明白,这样指责我会让我怎么想。

转学

佩卡对待衣服从不挑剔。他不介意穿旧袜子。不过，家里其他的孩子对衣服却非常讲究。比如，马蒂不喜欢连续两天穿一样的衣服，安蒂非常讲究衣服的风格——颜色一定要搭配好，有时候他还埋怨袜子跟衣服的颜色不搭。

安蒂发现我给佩卡买了很贵的球鞋之后，质问了我一番。我试着回避安蒂的问题，不过他坚持要看发票，不然的话，我们就得给他买更贵的鞋。

如果你和一个孩子约定好了,其他的孩子必定也要来掺和一下,也吵着要一样的东西。

那我要怎么做呢?我要让所有的孩子都穿上一样的衣服,给他们买一样的东西吗?每个孩子都有自己的特点,给他们穿一样的衣服肯定是不可能的。

每个孩子想要的东西都不一样。比如,他们每个人都喜欢不同味道的冰激凌。那我要怎样才能"一碗水端平"呢?就连冰激凌的价格都不一样。我要让每个孩子都买最便宜的那种吗?

每个孩子都需要发光发亮的机会。有时候好像对某个孩子的表扬多了一些,是因为我想多鼓励他。相比之下,我会把更难的任务交给我知道可以很快完成的孩子。我很感恩的一点是,我的孩子也有机会和其他大人相处。

给儿子们劝架是让我头疼的一件事。很奇怪的是,每次我给小一点的孩子买东西之后,哥哥们突然也想要了。又如,激光剑有时候不见了,或者被藏起来了,最后又找到了,整个过程都非常麻烦。中间孩子们争吵不断——剑居然还完好无损,这倒是个奇迹。

如果别的孩子比你的彩笔多,那你就要超过他。有的父母遇到这种情况时,就会再买几支彩笔,这样每个孩子分到的就一样多。我觉得,还有很重要的一点,孩子们需要学会应对生活中的不如意。你可以教你的孩子理性思考:虽然你的哥哥这样东西比较多,但是你可以有别的东西。

坚守自己的权利固然很重要,但这不意味着母亲需要时刻记录下每个孩子拥有什么东西,来保证绝对的公平。我希望每个孩子拥有的东西都可以达到一种自然的平衡。

佩卡的学校给我发了一封邮件,他们想正式地询问我们关于转学的意见。我写了如下回复:

小孩佩卡：与阿斯伯格同行

回复：转学

你好！

现在很多事情都还在进展当中，所以我们还没有明确的未来计划。等到情况明晰之后，我们再告知您。

佩卡的最近一次认知神经心理测试于3月15日进行了。

佩卡的书包丢了，我们急需找回来。我们在家里、上学和放学的路上都仔细找了一遍，还是一无所获。我们还去了失物招领处，也询问了商场的工作人员，甚至去了佩卡的朋友家，还是没有任何结果。

书包丢失两周后，学校终于帮我们在佩卡的隔壁教室找到了书包。很奇怪的是，他们花了这么久才找到，也太没有效率了。老师怎么可能没有注意到学校里没被拿走的书包呢？就连伦敦地铁的效率都比他们高。还有一点很奇怪，他们好像已经做好了我们要转学的准备。

我一直没有完全理解的是，学校为什么要给学生配备助理。我觉得，老师应该要清楚学生是否需要这样的助理。我唯一确定的是，孩子需要有安全感，才能在学校专心学习。安全感取得的前提是，照顾他的人不会常换来换去。

> 双胞胎刚睡着。尽管先前的实验失败了，但我还是再次拿起玻璃罐，装好土壤，种上了万寿菊。万寿菊很快就把蝴蝶吸引了过来。现在我可以欣赏到五颜六色的蝴蝶了。区分不同的蝴蝶种类非常困难，因此我必须非常小心并集中注意力。

小孩佩卡：与阿斯伯格同行

在佩卡学校的家长会上，我有点紧张，担心老师会问佩卡胳膊上的刮痕是怎么回事。他跟我说，老师在学校问过他了。当时佩卡在车上，我老公想让他在后座上乖乖坐着，佩卡挣扎的时候刮到了胳膊。不过，在家长会的时候，老师没有过多地关照我，可能她以为这不是什么大事吧。

社工来访

母亲节的前一周，佩卡的老师给儿童福利办公室打了电话。那里的工作人员告诉我，老师让他们立刻过去照看佩卡。我很疑惑，不知道怎么了。

下午1点的时候社工给我打了电话，说他们在我家，想知道如何能联系上我老公。我愣了一下，说："不好意思，他在上班。"我整个人都慌了，在那一刻意识到了问题的严重性。我问他们："你们知道我家孩子有阿斯伯格综合征吗？

你知道怎么处理这样的问题吗?"我想知道他们有没有心理学的背景。当我知道他们没有处理这种情况的专业知识的时候,我很震惊。我原以为,他们至少都得有当心理医生的资质才能当社工吧。难道他们就这样闯进我们家里,让孩子难过吗?

我想弄清楚到底发生了什么。社工说,佩卡看起来就是一个正常的十岁男孩。他自己能穿衣服,骑自行车上学。他会和朋友们一起玩耍,还问那些社工是谁,即使他们对于佩卡而言是陌生人。

儿童福利办公室跟我聊完之后,承认可能判断错误,把事情看严重了。然而,就在母亲节当天,我坐在家里大哭了一场,觉得自己作为母亲很失败。我从没想过这样的事情会发生在自己身上。我给马库打了电话,他用心理咨询的那一套安慰了我。

小孩佩卡：与阿斯伯格同行

这次事件后，我对佩卡的学校和老师失去了信任。学校的护士后来跟我说，她对整件事情也很失望，她当时在场，跟学校建议不要打给儿童福利办公室。家庭诊所也认为学校做得不对，也在帮我解决问题。

学校给我的感觉是，他们认为在家里跟孩子相处只有一种方式。比如，他们曾经跟我反馈，说我不应该在家里说其他的语言。后来我得知佩卡的老师给儿童福利办公室又打了一次电话。这一次她报告说，佩卡玩滑梯是从底部往上爬的。

社工们的到访给孩子们的印象很深刻，甚至事情过去几年之后，我们还讨论过几次。我想知道这件事有没有影响到孩子们对整个教育系统的信心。我希望双胞胎不需要经历这些。

豌豆有独特的气味和观赏性很高的花朵。我看到已经开了几朵花，有几朵紧贴在同一根茎上。颜色有深红色、白色和淡紫色。双胞胎弟弟杰西、乔纳斯和哥哥们一样，看到漂亮的花朵会凑上去闻，不过他们没哥哥们那么热衷。我摘了几枝开着花的小枝，带回屋里，放到了花瓶中。

小孩佩卡：与阿斯伯格同行

扫把给我们帮了很大的忙。佩卡身上沾满了泥巴，我让他自己去洗干净。不过，清理的过程就没那么简单了，不管用多少香皂，他就是洗不干净。我后来用毛巾才帮他洗干净。每天，同样的过程都要重复一遍：佩卡回到家，全身都沾满了泥巴，激动地跟我说："妈妈，我玩滑板又学会了一项新技能！"

他要向我展示他最新学会的技能。他不停地演示同一个动作，直到成功为止。他练习了很久，我看到他成功了好几次。我很欣赏佩卡的坚持和耐心——不管他身上有多少淤青，他还是会坚持练习。慢慢地，他越来越熟练了，不过跟其他的男孩相比，还是有一定的距离。我们聊了聊，觉得佩卡现在应该专注于练习，坚持下去。

如果只是练习滑板的话，倒不会有任何问题。佩卡每次写作业都是草草了事，考试之前也不怎么学习。我想，只要佩卡精神饱满，自己觉得满意，我也就高兴了。但最后发现,他在学校成绩平平,所以我又很难坐视不管了。

我向佩卡介绍了魔法的世界——哈利·波特的故事。他问我:"那我要干什么啊?"我说:"这是一本书。你不是读过很多书吗,你翻翻看,看里面有没有有趣的内容。"他读到里面有一章讲到星座,就问我:"妈妈,我为什么跟天秤座的描述不一样啊?"我跟他解释了一下星座的概念,也聊了聊这本书里描绘的各种情感和个性。

佩卡的朋友来我们家里做客,他们开始做各种各样的实验。比如说,他们想制造出墨水,需要的原料有钉子、洗洁精、茶、醋和胶水。我把东西给他们准备好,告诉他们怎么用量杯。实验比他们预想的要久——钉子要花两天时间才能溶解。

在与家庭诊所的专家们协商之后,我们最终决定把佩卡转到另一所学校。我还收到了某个脱口秀节目的邀请,作为阿斯伯格综合征孩子的家长代表去参加节目。在其他阿斯伯格综合征孩子家长们的鼓励下,我还在给老师们的培训日上做了一个演讲。我收集了阿斯伯格综合征主题的相关材料,给他们介绍了相关症状,并讲述了我们家庭的故事。

这让我有点紧张。后来有人告诉我,在一群老师面前做演讲是很疯狂的事情。我看到一些老师在摆弄他们的电脑。有人问我问题时,我还会忘记问题是什么。演讲结束后,一位老师过来跟我交谈。她感谢了我,还说我的演讲给了她希望。她也有一个孩子有阿斯伯格综合征。

新学校

在我联系佩卡的新学校的时候,我发觉之前那些积极参与的活动起到了作用。他们很乐意接收他。

我给新学校写了一封信:

> 我们的儿子佩卡今年秋天将上四年级。他的行为有时可能会使其他人感到惊讶,会误认为他没有礼貌,但事实其实并非如此。佩卡被诊断出有轻度的阿斯伯格综合征,这是一种影响中枢神经系统的神经生物学障碍。
>
> 他的智力正常,大部分语言能力都和同龄的孩子是一样的,这也是在他的教育里要考虑的最重要的因素之一。由于阿斯伯格综合征,佩卡可能在日常安排、注意力和执行能力上有些困难。但是,他擅长制定策略。视觉辅助有助于他的记忆。

阿斯伯格综合征的孩子和其他孩子思考与说话的方式不同。也正因如此,佩卡的老师需要非常了解相关症状,才能知道如何在不同的情境下和他互动。

小孩佩卡： 与阿斯伯格同行

新学校离家更远，所以佩卡需要搭公交车上学。我有点担心。他怎么才能知道该在哪一站下车呢？开学前的暑假，我们一起试了几次。秋季学期开始的时候，我安排了一名助理，负责上下学的时候在学校附近的公交站接他。

佩卡上学的第一天，我陪着他一起去学校。下午，我在家等他的时候，电话响了，老师很慌张地跟我说佩卡不见了。我的恐惧突然袭来。老师问我佩卡是不是在家。原来助理在学校非常忙，没有让佩卡一直在她的视线里。我手足无措。老师说他们会继续找，我挂了电话。

就在那时，佩卡回家了。原来他多坐了一站。从这一点上我就知道，佩卡上下学应该没什么问题了。于是我给学校打电话，取消了之前帮助他上下学的安排。我舒了一口气。新学校的老师从来没有提过要把佩卡转到特殊需求学校。他们安排了一名助教去帮助佩卡。

佩卡变得不再挑食。因为他的助教开始让他习惯吃不同的食物。我注意到佩卡自己也开始意识到正确饮食搭配的重要性。佩卡在不同的方向上都得到了指导，这是非常好的事情。有时候某个方向的指导效果更好，而这一次助教的指导见效了。

佩卡向我询问学校的打分体系。他问有比10分更高的分吗。我告诉他说，还有10+，但10+并不意味着比10要好。他跟我说他第一年的时候得过10+。我想，那时候老师是在鼓励他吗？我同时问了佩卡和马蒂这个问题。马蒂很快就说，在托儿所的时候老师表扬了他。佩卡没有说话。

不管孩子在我的怀里怎么挣扎、怎么乱踢，我都已经学会了控制自己的愤怒。当然，这很痛，但我必须坚定地不放手。虽然我处在一个很不舒服的位置，马上就要摔倒了，但我还是维持了这个姿势。我明白一点，那就是我们要在一起很坚定地走下去。

但我们要走的路还很长。五年级的时候,佩卡决定把法语作为选修课。我们了解他,也相信他。学习和拓宽知识面对他而言都是非常好的机会。不过,他的动手能力不太好。

我经常会想,佩卡在完全没有其他人帮助的情况下生活,会是什么样子。我时常会帮助他,帮他做好安排,还会时不时地提醒他。但此时我的良知也受到了拷问:我真的做得足够了吗?工作和其他方面有没有消耗掉我太多的精力?

佩卡已经在作业和其他很多事情上不需要我的帮助了。我一直都知道,佩卡可以用自己的聪明才智去调整自己的行为。

这些年我哭了很多次。周围人的言语伤害过我,这一切都是因为我的儿子和其他人不一样。佩卡的情况给我们带来了很多的负担。

佩卡总是不能理解一些事情。当事情很复杂的时候,他便难以理解,这时候就需要跟他解释。随着他慢慢长大,情况有了一些好转。他小时候更任性,那时候太不理性,理解上有很多的困难。

托儿所派对

佩卡和马蒂都是在托儿所上的学前班,每个班都不到10个孩子。他们会去周围的树林里探险,还会学习字母表。

马蒂激动得到处乱跑,四处找东西。他问我:"我在托儿所的那张纸在哪里?"我们最后找到了那张纸条——是

小孩佩卡：与阿斯伯格同行

托儿所组织的给所有学前班孩子的派对邀请函。邀请函上有一只蓝色的帆船，帆船上还有白色的帆。马蒂说爸爸妈妈可以一起去，但是哥哥们不行。他把这句话和他的哥哥们说了好几遍。我觉得哥哥们都有点烦了。还好，他们没时间吵架，因为还有更重要的事情要做，例如看电视。

周四晚上，所有学前班的小朋友们都来到了托儿所。托儿所准备了一个地方给大家一起过夜。派对好像永远不会结束一样，但最终大家都准备好上床休息了。通常小朋友们是不在托儿所过夜的，但这次是个例外。我们很久以后还记得那个夜晚，马蒂和他学前班的朋友们一起度过了那个夜晚。下个学年他就要去上小学了。第二天早上我不用开车送他去托儿所，因为他已经在那里了。

孩子的快乐是非比寻常的。他们感觉自己长大了，但其实他们还很小。我希望我时不时也能有同样的感觉。我们为什么总感觉闷闷不乐呢？是因为我们受到的教育吗？

因为我们理性的存在,导致我们无法享受过度的快乐?

马蒂一年级的时候,有人跟他说,他这个年龄不应该穿他现在穿的那种连体服了。他说是妈妈让他穿的。我倒希望青少年们也一样,知道怎么把责任推卸到父母身上,例如当他们宵禁时间提前的时候。

我对于赌博的态度非常坚决——完全不能碰。孩子们彼此之间不能做交易。对我来说,没有交易就意味着没有债要还。

孩子们之前的学校对于电脑持非常负面的态度。我觉得,电脑怎么用是由人来决定的——仅仅将电脑本身看作不好是一种很狭隘的观点。电脑能让教学更有效,并且也不会因为重复而感到厌倦。就连电脑游戏也不只是简简单单地好玩而已——例如,高质量的游戏能够教外语。我也用电脑和马库沟通。

我会倾听孩子们的推理和思考。有时,他们跟我述说自己的苦恼,我会尝试提出解决问题的方法。孩子们经常找我问问题。

我喜欢看孩子们在团体中的互动。有一次,我听到佩卡跟他的朋友说,不能欺负别人,还说他想和所有人一起玩,而不仅只是那几个人。

晚餐时,邻居的孩子有时会来我们家,他们也想在我们家吃晚饭。我会尴尬地把他们送回家。

我如果想要打扫房子,家里是不招待客人的。比起规则而言,这更像是一条原则。对我来说,最简单的方法是独自一人打扫,或者叫安蒂一起。

放手

我的朋友卡佳给我打电话,要我和她一起散步。我们当然不仅仅是散步,我们借此机会可以聊一聊,分享焦虑。我告诉卡佳,佩卡和马蒂把床尿湿了。我的坦诚也鼓励了她透露自己儿子的事。我们分享了对世界和抚养孩子的想法。她是一名老师,深知这个职业的辛苦。她说,有很多父母没有照顾好他们的孩子。反之亦然,有些老师很难对自己的孩子放手。卡佳认为,如果有人既是父母,又是老师,他们最好和他们的孩子不在同一所学校。

在这个世界,孩子是如何学习说话、看书、走路和游泳的呢?我认为了解其中的机制会在许多方面促进学习的提升。

不管是对于两岁之前还是年龄较大的孩子,获得成就感和喜悦都同样重要。例如,将字母组成单词就是一个很大的成就。孩子们经常寻求母亲的关注:"看,妈妈! 我可以撒把骑自行车了!"

整个学校和社会都大力倡导一种协调的模式,但创造力和良好行为之间始终存在悖论。如果有人想要打破这样的秩序该怎么办呢?

秩序是不能更改的。这样的原则基于"一向如此"的心态。甚至科学研究结果也在支持这一观点。在这样的背景下,如果你仍然想改变现状,那么你显然在"服从"上有些问题。甚至学校还为适应能力有障碍的人组建了特定的小组。别人知道什么才是最适合你的。

墙是巨大的障碍。人类的行为准则已经既定了,那便很难越过去。还有什么理由去做不一样的事情呢?如果你不想成为人群里那个不一样的人,就必须学会遵守良好的行为规范。

倾听和遵守至关重要,如果缺失了,将学不到任何东西。不愿合作只会导致无望的局面。但又是谁来定义这种不配合呢?

做事的方法通常不止一种,但很多时候人们只允许一种。几乎每个人都只知道这一种方式。使用其他方式会让事情变得复杂——它迫使你思考。

在学校,我们学习写字和计算的正确方法。尽管我们已经知道如何说自己的语言,但是我们仍然被教导语法规

小孩佩卡：与阿斯伯格同行

则和动词的词性变化。规则非常重要，因为它帮助我们相互理解。

假如一个住在开罗、只有六岁的阿拉伯男孩去上英国修女办的学校，他则不得不学习说英文和写英文。他会明白阿拉伯文和英文的不同之处。

在前往伦敦的旅途中，我们搭乘了伦敦地铁的一部电梯。电梯里装满了人，我注意到有很多德国人。突然，马蒂消失在了我的视线里，我听到他用芬兰语叫我。德国人纷纷让到了一边，让马蒂过来找我。

之后，我与马库聊了这件事，我说："昨天最糟糕的事情发生了，我真是个不称职的妈妈。"过了一会儿，在我们已经改变了话题之后，马库突然开启了他的心理医生模式："你来找我，显然有话要说。你可以告诉我，谁在那样的情况下会比你处理得更好呢？"我不说话了，想着马库所说的话,接着大笑了起来。他甚至还给我分析了整件事的经过,以及我在其中的优势。然后他紧紧抱住了我。

属于自己的时间

天已经很晚了,我还在洗衣服。第二桶衣服已经在洗了,还有不少脏衣服。我们应该买一台更大的洗衣机。其他人都已经睡着了,房子静悄悄的。如果我愿意的话,此时便是我去做自己想做的事情的机会。

我曾读到过有一种母亲的角色,在那个角色里,母亲不是一个随叫随到的佣人。例如,全家人一起去拜访朋友的时候,孩子们玩自己的,大人们在其他地方也聊自己的。孩子们很少调皮,但如果不听话,大人们可以拍打孩子的手指。父母拥有属于自己的时间,可以一起吃饭,或者早上睡会懒觉。

小孩佩卡：与阿斯伯格同行

一周前有一个晚上我不在家。我和马库一起去看了电影。人每隔一段日子就需要这样自由的时间，需要可以睡到自己想起的时候，可以不做任何事情。通常假期如果没有填满活动的话，就可以这样度过。

有时仅仅一个人独自在家就足够了。然而，奇怪的是，独自一人也会让人恐惧。不过这可能是开展一些激动人心的冒险的绝好机会。你可以外出，参观新的地方，认识新朋友，在外面想待多久就待多久。

我意识到自己可以很长的时间都醒着。但是我迟早要去睡觉的。试图强迫自己醒着只会让我感到头疼。

在漆黑的夜晚，其他人都上床睡觉之后，我会熬夜看小说和女性杂志。那是属于自己的美好时光——没有人打扰我，也没有事情需要完成。

如果我不得不在夜间起床，去安慰哭了的孩子，或者哪个孩子爬到了我们的床上，我早上会非常疲倦。

自愿熬夜并没有像非自愿熬夜那样让人筋疲力尽。我希望熬夜后有人能够神奇地恢复我的能量值。

有一天，我和丈夫开车去学校开会的路上，他说我花钱花得太多了。因为我们马上要去开的是一个很重要的会，我试图避免任何争执。我感到很沮丧。我走下车，看到了一个熟悉的男孩，他是安蒂的一个朋友。他向我招手打招呼，我又感觉好多了。

如果父母感觉良好，孩子们也会有同样的感觉——通常情况就是这样。儿童在生活中需要一定的规律性，太多地改变规则对他们不利。因此，父母如果能把自己的工作和生活安排好，并使其适应孩子的需求，他们就能做得很好。工作中的幸福感也会影响家庭氛围。

小孩佩卡：与阿斯伯格同行

麻烦接连而来

又是一个早晨，时间很紧张。我得去趟市场，还要去找配镜师，去杂货店、图书馆，最后还要准点到达理发店。我开车开得非常快，从砂石路驶入灌木丛时，撞到了一块大石头。这一切发生得太快了，我好像灵魂出窍了一般。车祸毫无预兆地发生了。我突然意识到自己已经驶离了道路。我受伤了，感到头很晕，我想办法从车里爬了出来。有人在我转弯的地方停了车。"我很好，"我对他们说。我让人帮忙叫了出租车和拖车。但这还不够，一辆警车停在了路边，一名警官把我叫上了车。

我坐在警车里，向警官解释说我以前没有任何犯罪行为。他们告诉我我一直在超速行驶。我觉得我没有，但是他们已经用雷达枪给我测过速了。我确实超速了，也因此被罚款。出租车到了，但我还要等拖车，所以我让出租车走了。我的安排全都被打乱了。回家后,我取消了理发店的预约。我的车被拖到了修理厂,他们说要几千欧元的修理费。我决定不告诉任何人关于这次事故的信息。我也不想打电话给保险公司,而是自己支付全部费用。我从银行借了一笔贷款,付了所有费用和罚款。我把一切都安排妥当,以确保我的丈夫不知情。他至今仍然不知道这件事。马库帮助了我,还给我当了一阵子的司机。我想他挺喜欢帮助我的。

一天晚上,还不到 11 点,我们接到了安蒂朋友的紧急电话。他请我们去公园里接安蒂。在他朋友的帮助下,我在公园里找到了安蒂。

安蒂喝醉了,醉到站不起来。我扶起他,安全地把他带回家,放到了床上。他的床其实就是地板上的一个床垫。我掏空了他的口袋,找到了打火机和烟。

小孩佩卡：与阿斯伯格同行

那天晚上，我们彻夜看着安蒂，直到早晨。我们不知道他到底喝了什么，喝了多少。早上，安蒂感觉很不好，他的弟弟们都想知道发生了什么事。我质问并警告了安蒂，还苦口婆心地跟他说酒精的坏处。最后，我让他保证永远不会再这样做。

我们对事件的过程有了一个大致的了解。作为他那群朋友里最勇敢的人，安蒂接过别人给他的瓶子，猛喝了一大口。事情的结果有可能更糟糕。对于安蒂来说，要确切解释发生了什么还为时过早。

他承诺将来会避免这种情况的发生，并纠正自己的行为。他会信守诺言的。我之所以知道这一点，是因为我面对面和他谈了好几次。

那是一个夏天，孩子们在外面玩。他们的朋友来找我，告诉我佩卡的新滑板不见了。没错,滑板哪都找不到。有人说,两个叫贾里和维尔的男孩拿走了滑板。当我意识到滑板是被偷了的时候,我慌了。我在电话簿中找贾里和维尔父母的名字。姓维尔的人太多了,但我还是找到了贾里的父母,他们住在附近。我打电话过去,一个女人接了。我介绍我是谁,解释了打电话的原因。我很谨慎,不想指责她或贾里。我只是问滑板是否在她那儿出现过。她说没有,但答应我会问她儿子。

过了一会儿电话响了,是贾里的母亲。她们找到了佩卡的滑板。她无法解释为什么贾里会做这样的事,"也许是维尔把他带坏了"。她以为贾里是从表哥那里借的滑板,说他们会马上把滑板还回来。他们到的时候,贾里的母亲让他向佩卡道歉,佩卡原谅了他。贾里的母亲感谢我给她打电话,感谢他的儿子在做这样的事情时被发现了,在开始之前就终止了他的犯罪生涯。

我的豌豆越长越高了,香味扑鼻。有一次,我拥着孩子们,一起坐着享受豌豆那让人沉醉的香味。我剪了几朵美丽的、色彩斑斓的花,放进了花瓶。我想,所有这些美好,都是我种下的。

03
青春期

不安与担心

在 17 年的时间里,我一直陪伴着我的孩子们往返学校或托儿所。我不得不带着安蒂换乘坐两三趟公共汽车。当安蒂从第一辆车下车后,他的助教接到他,之后就只需要再坐两趟车了,回去的时候也一样,我得确保自己在正确的公共汽车上,才能接到安蒂。我的一个男同事嘲笑我的高跟鞋。当马蒂也开始上学后,我终于松了一口气。但这样的轻松只是暂时的。

在一次从瑞典旅行回程的路上,我的行李箱弄丢了。

当我终于到家的时候，电话响了。我以为是机场打给我的电话，告知我行李的去向，但打电话的是警察。他问我是不是佩卡的监护人。我吓了一跳。警察让我保持镇定，告诉我佩卡没事，他只是需要和我聊一下佩卡的行为。

原来，当我不在家时，佩卡和几个朋友从别人的邮箱里偷东西。我丈夫不够敏感，即使佩卡试图和他说些什么，他也觉察不到。警察说，信件被打开了，某人的银行账户详细信息被扔到了地上，暴露在所有人面前。我问警察："您如何确定是佩卡做的？"他说有目击者。他只是警告了佩卡，就让他走了，他要我与我儿子谈一下。我答应会处理好这件事，并跟他说了佩卡的阿斯伯格综合征，他的症状使他容易受到诱惑并屈从同伴的压力。警察听到后说，他自己也是父亲。

我"审问"了佩卡。事情明了了，但并没有减轻我内心的恐惧。我想要将所有被盗的东西还回去。佩卡想给"受

小孩佩卡：与阿斯伯格同行

害者"写道歉信,我认为鉴于这种情况,道歉是应当的。事情解决了,一切都会过去的。

大众对于阿斯伯格综合征有很多不了解和偏见。人们通常对这种障碍的看法很狭隘。但是,相较于不了解真相、糊涂地生活,获得诊断是件好事。对于孩子们自己以及爱他们的人来说,最好是能够了解造成问题的神经学的原因,这是能够提出实际解决方案的唯一方法。佩卡的诊断在很大程度上帮助了我们,也为我们提供了很多的知识和支持。

马蒂的情况则完全不同。关于如何改善他的表现,连他的老师也没有什么建议。

佩卡喊道:"妈妈!我不知道该怎么穿这些衣服!"我很不解,说:"只要照常做就行。""但是我不知道怎么做!"他更具体了一些,"按什么顺序?我要穿背心吗?"我帮他扣上了扣子,但他仍然把衬衫穿反了。我们的时间已经很紧张了。可他又把他最好的裤子穿在了外裤外面——我们又必须重新开始。我们团队合作了一下,及时到达了毕业典礼。

我喜欢让车里填满孩子。这让我感到自己像一个大家庭的母亲。儿子的朋友们想和我们一起去商店。有时候,我给儿子们买什么,也会给他们买一样的。不过,很难知道这种情况下怎么做是最合适的。

佩卡在路边发现了一袋钱。我下班回家时,他把袋子拿给我看。他的小眼睛闪闪发光,想要得到奖励。这个袋子不像他哥哥以前捡的钱包那么大。我看了一下里面,发现了一张借书证和一份工作证明,以及一些其他的个人文件。我不会把这些随身携带在钱包里。我想办法弄清楚了钱包的主人,甚至找到了可以联系的电话号码。

安蒂走进了房间,看到佩卡如此激动,也对这个包产

小孩佩卡：与阿斯伯格同行

生了兴趣。安蒂告诉我，他认识钱包的主人，他认为这个人很危险，不希望我联系他。这种情况就没办法给他打电话了，或者我得用一个无法识别的号码。

第二天，我们将钱包拿到了警察局的失物招领处。他们想要知道找到钱包的人的名字。我回避了这个问题，因为我不希望钱包的主人和佩卡之间有任何联系。警察说会有奖励，钱包里有很多文件，重新办理那些文件会很麻烦，于是我填写了表格。那个警官开始在电脑上查找，我猜想钱包的主人可能在他们的档案里。

我回去了失物招领处几次，询问佩卡的奖励。最后一次，他们说有人拿走了钱包，但这个人没有支付奖励。佩卡拿不到钱，真是不走运。

我开始紧张了。安蒂还没回家。他现在是个大孩子了，但他仍然必须晚上回家睡觉。12 点前我坚持着不让自己睡着，过12点后不久我就睡着了。

清晨我听到声音醒了过来。我从床上起来，准备骂他怎么在外面待到这么晚。但是我看到他神情沮丧，身上有瘀伤。我很想知道发生了什么。

"你去哪儿了？"我惊慌地问。

"急诊室。"

"你为什么会去那里？"

"有人踢了我的一个朋友，所以陪他去缝针了，"安蒂解释说。

"他的父母在那里吗？"我问。

"是。"

"发生了什么？"

安蒂试图解释:"我和几个朋友喝醉了。在回家的路上,一辆车从我们身边开过。车上的人大声地骂我们。我们中有人骂了回去。接着车停了下来,里面的人拿着钢管和各种各样的棍棒来找我们了。"

安蒂被撞倒但逃脱了。他用尽全力跑,为了甩掉追他的人,穿过了好几个院子。当他终于把他们甩开,到达安全的地方时,他和他的一些朋友一起报了警。

可惜安蒂的一位朋友未能逃脱,被打得不轻。那些人没有从他那里抢走任何东西。他们曾有过这个想法,但他们并没有这么做。那他们只是单纯找人打架吗?

安蒂的朋友们互相打电话,了解每个人的情况如何。他们给被打男孩的父母打了电话,之后所有人都去了急诊室。这就是为什么安蒂花了这么长时间才回家。

不安与担心

不知道你是否相信报纸上写的，年轻司机更容易发生事故。我希望安蒂可以和品行良好的人在一起，开车时注意安全。诚然，我自己像他那么大的时候，开车也并不总是注意安全的。一位同事告诉我，最好将家里的车借给安蒂开，他开家里的车要比开自己的旧车小心得多。我听从了同事的建议。信任带来信任。不过，我丈夫没有把他公司的车借给安蒂。

毕业

在学校仍然有一个助教在帮佩卡,就像他有另一个母亲。有很多次我都注意到,关于什么才是对佩卡最好的这一点,我和助教两人有着不约而同的见解。相比于我,她更能在学校里照顾好佩卡。毕竟,她认识所有的老师。相应地,我在家里负责处理更多实际的事情,例如,确保佩卡穿着干净的衣服去上学。

在去学校的车上,佩卡想知道狼是如何从狗进化而来的。"这怎么可能啊?"他问我。我向他解释说这件事发生得非常缓慢,跨越了非常长的时间。

佩卡的行为和他的兄弟们不一样。有一次,我们去了一家比萨店,孩子们都同意要展示出他们最文明的一面。安蒂向佩卡示范了怎么做,佩卡再向马蒂示范。两个弟弟迅速点好了比萨。我们坐在那里,耐心而平静地等待着我们的比萨到来。

佩卡开心地吃完了自己点的比萨和甜点。吃饱后,他躺到了餐厅的地板上。我告诉他要举止得体,否则这将是最后一次带他出来吃饭了。他立即坐回到餐桌旁的座位上。后来,他上厕所时有点困惑。门上的标识对他来说还不够清楚,所以他回来请马蒂带他去男厕所。

六年级结束时,安蒂和佩卡的班级进行了一次夜晚外出实地考察。佩卡的班级很久没有为班级旅行筹款了。他的老师换了很多次，直到五年级，他才有了一位看重实地考察的老师。我认可实地考察对孩子们的帮助：可以教孩子们如何与他人互动，如何和别人一起在外面过夜，以及如何在全新的环境中学习。我非常感谢佩卡的老师，在很短的时间里策划了这次旅行。

当我看到佩卡扮成牧羊犬参加六年级学生的表演时，我高兴极了，他的老师给了他一个角色。我很珍惜这个特殊的时刻。我想起了过去的经历，感受到了老师的良苦用心，她在教育佩卡努力的重要性。

六月初，学校开学了。男孩们放学后也在一起玩。佩卡、马蒂以及我们附近的其他男孩儿们会一起爬上屋顶，假装成特技演员。这种行为是被严格禁止的，但是直到有一次我提早下班回家，才发现他们在这样做。

这些男孩在玩水气球，他们把气球从我们家的烟囱中扔下去的时候引发了事故。气球顺着烟囱往下掉，导致烟灰喷到了白色的地毯上。真是一团糟！烟灰像油漆一样粘到了白色地毯上，我不得不把地毯带去干洗店。我们请了其他男孩的父母到我们家，一起了解事件的经过，大家互相指责起来。最后其他父母建议将清洗地毯的费用平摊，我们同意了。事情解决了，平静再次到来。

对于许多芬兰男孩来说，服兵役是通往成年的最后一步。我的孩子们最终也得完成这项任务。根据芬兰法律，拒绝服兵役或为国家服务会被判刑。

我不想让佩卡参军。面对新环境时，佩卡会有困难。在军队，应征入伍者必须能够反应迅速，很快适应新环境。对于阿斯伯格综合征者而言，这绝非易事。佩卡的情况说明需要和他的体检结果一起上交。很多人给我建议，让我

小孩佩卡：与阿斯伯格同行

陪佩卡一起去体检，确保他能得到兵役豁免。有人告诉我，过去有阿斯伯格综合征的男孩拿到了医生开的免除兵役的建议，最后还是不得不去服役。我不知道佩卡自己对此怎么看。

当安蒂参加入学考试时，我感到非常紧张。我策划好了一切，如何举行派对，以及要邀请谁。数学考试过后，安蒂跟我说他很可能不及格。他说的时候语气坚定，以至于我以为派对不得不推迟了。我自己入学考试的时候，数学考得很好，所以安蒂很可能失利这件事让我受了很大的打击。不过，令人安慰的是，安蒂提前跟我说了。我听说一个男孩等到聚会前的最后一刻才告诉自己的母亲他考试不通过。可是后来，事实证明安蒂在考试中表现得很出色，一切顺利。

聚会上有很多客人，男孩们都在聚会上表现良好。聚会是在我们家举行的,所以如果佩卡愿意的话也可以待在房间里。

> 一些花已经枯萎,被豌豆荚代替。这时最好把豆荚剪掉,这样植物才能长出新花。马蒂过来帮忙。我还把佩卡叫来帮我们,三个人一起修整花园。花瓶里散发着新鲜可人的香味。双胞胎睡着了。

搬家

当孩子们在托儿所从小孩子的队伍进入大孩子的队伍时,这是一个巨大的进步。不过,这也意味着他是新组里最小的一个。六岁的孩子就要上学前班了,也是托儿所食物链的顶端。学前班的孩子白天可以不用睡觉了,与此同时还有许多其他的特权。比如,成为"国王"就是件不错的事。

七岁的时候,孩子开始步入小学,成为那里最小的孩子。他们需要很长的时间才能习惯新的环境。学校的课堂上有很多孩子,比托儿所要多得多。孩子们有自己的书桌。

孩子在十二岁时成为六年级的学生,是综合学校初级阶段所有孩子中年龄最大的。接下来就进入了青春期。

七年级,即芬兰综合学校高年级的第一年,孩子再次进入学校里最小的年龄组。当安蒂开始上七年级时,报纸上报道了七年级学生之间的霸凌故事。如今,霸凌行为备受关注,许多学校全面禁止霸凌行为。当一个孩子满十五岁(九年级)时,他进入学校年龄最大的组,也面临着很多重大选择。他必须决定下一步去哪里。高中,专业学校,还是什么?

芬兰的高中为三年制。孩子将不得不再次从学校里面年龄最小的群体一步步成长为最大的。

青春期是成长路上的另一个关键时期。当孩子进入青春期时,他需要和父母之间有明确的界限。当然这并不意味着自由放任的态度。就像一名竞技游泳运动员用脚蹬泳

小孩佩卡：与阿斯伯格同行

池壁来加速一样,如果墙壁变来变去,那是行不通的。

青少年说起话来毫不避讳:

"滚开!"

"不好意思,你是在跟谁说话?"

"我受够你了。"

"你不准那样对我说话!"

"我只是叫你滚开而已。"

"我是你妈妈。"

"你是一定要说些没用的话,惹我生气吗?"

十月到了。我们要搬到赫尔辛基的维基区。佩卡开始上七年级,这也是他进入综合学校高年级的第一年。我们想住在一个更大的地方。夏天的时候我一直在为搬家和孩子们的事情做准备。有个学校离我们家只有 5 分钟的路程,这所学校还和赫尔辛基大学有着紧密的联系。这似乎是一个理想的地方,尤其是对于佩卡而言。但是,我发现我们的房子不在那所学校的学区。不过,我知道以前住在这个房子的孩子们在那所学校上过学。

我给这所学校打过好几次电话,想让他们接受佩卡入学。他们说没有在学期中招生的先例。这样看来,佩卡能去的离家最近的学校在赫尔辛基的另一个郊区赫尔托涅米,需要从家里坐公共汽车过去。但是,赫尔辛基市教育局告诉我,赫尔托涅米学校也满员了,无法再招收任何学生。

我决定再试一下开始那所学校。我向校长解释说,他的学校是我儿子唯一的选择。我还请了教育部的一个朋友帮我为佩卡找学校。他也认为这所学校是最好的选择,但他无权直接让佩卡在那入学。

小孩佩卡：与阿斯伯格同行

我需要提供佩卡在之前学校的成绩单，之前我没有为此做准备。不过我向校长提供了佩卡之前学校的电话号码。

搬家的前一天，我接到一个电话，说佩卡的新学校位于赫尔辛基的阿尔皮拉附近，我对此很震惊，因为阿尔皮拉很远。我很生气。阿尔皮拉与我们新家相距10公里。佩卡去上学需要乘坐两趟巴士，花费近1小时。他们在想什么？我要求他们至少要付出租车费来接送佩卡。我对他们的愚蠢感到生气和愤怒。

搬家后，我们与阿尔皮拉的学校进行了协商。他们试图找出一种解决通勤问题的方法。同时，我又再次联系了第一所学校。我一再与阿尔皮拉学校的社工商量，推迟佩卡首次参观学校的安排，因为事情仍可能有转机。也因此，佩卡在前两个星期里没去上学。阿尔皮拉的教职工感到很困惑。

马蒂选德语作为他的第一外语后,立即就被我们考察的第一所学校录取了。对于马蒂来说,我们搬家的事没什么大不了的,他几乎立刻就交到了新朋友。

我继续与第一所学校商谈。学校与我们讨论了佩卡入学可能产生的额外费用,因为他可能需要一名助教。我感到非常绝望。我告诉他们,如有必要,我会自己教儿子,或者支付任何额外费用。但是我自认为不需要任何额外费用,我知道佩卡在那所学校不需要助教,他已经足够大了。他自己也不想要助教。

这所学校的首席校长向我介绍了学校遇到的一些问题,以及那些表现不理想的学生。我想知道他为什么要跟我说这些事。解决此类问题难道不是他的工作吗?他们难道不能把佩卡放到问题少一点的班上吗?

我和校长最后达成的协议是,他们将在八年级开始的

小孩佩卡：与阿斯伯格同行

时候让佩卡入学。在那之前，让他去另一所学校上学。这在我看来没有任何意义，佩卡需要立刻进到一所合适的学校。校长说，我们的决定与他无关，并怪我浪费了他宝贵的时间。他挂断了电话。我永远不会用这种方式对待我的任何客户。他的礼貌呢？

我向校长建议，让我和佩卡去学校参观一下，毕竟我们离学校也不远。我认为这样能让校长看到佩卡是个多么正常的孩子。校长拒绝了我的建议。所以，我们从未进去过这所学校。然而，与此同时，马蒂高兴地在走廊里漫步。我还以为学校是公共建筑，任何人都可以免费进入呢！

我在当地的健康中心为佩卡做了预约。尽管预约用了佩卡的名字，但我是一个人过去的。我向医生解释了相关情况，他和其他所有人一样，对佩卡被拒绝进入当地学校的现实感到不理解。我请医生帮我们转诊到赫尔辛基的阿斯伯格中心。

总的来说，那所学校是离家最近的学校，对佩卡来说，也是最好的解决方案。佩卡他也想去那里。于是我向学校发送了书面申请：

> 佩卡已被诊断出有阿斯伯格综合征。他在社交互动方面存在一些困难，尽管与阿斯伯格综合征的其他人相比，他的困难并不大。对于佩卡来说，和同龄人在一起非常重要。我以前在家中注意过多次，他几乎每天都邀请朋友到家里来。我认为，对于刚搬到这个地区的佩卡，不太容易在学校之外交到朋友。我想保持儿子的发展进步、对学校的积极态度以及即使搬到维基后也能愿意学习的想法。就他的独立性而言，这是极其重要的。贵校与我们的房子位于同一条街道上，距离我们家只有300米。鉴于这样的地理位置，我认为您的学校将可以为佩卡提供最佳的学习条件和最好的教育前景。此外，您学校的课程包含法语，佩卡对于学习法语很有热情，并希望能继续学习。他还能独立地、高质量地完成家庭作业。

小孩佩卡：与阿斯伯格同行

入学

佩卡的入学事宜一团糟。他最终还是要去阿尔皮拉的学校上学,而赫尔辛基市同意,他们将安排一辆学校出租车接送佩卡上学。但是,出租车偶尔会忘记接他,这造成了很多麻烦和困扰。

我接到一个朋友的电话。打电话过程中,我没有注意到佩卡去上学了。一会儿佩卡打来电话,说他还在等出租车。他要我打电话给出租车公司,我马上那么做了。公司说:"哦,但是已经很晚了。""真的吗?我才知道"我讽刺地说。这时佩卡还在等车。他们告诉我,有人忘记安排车去接佩卡了。我最后把他带回了家。那不是出租车唯一一次出现问题。有时,即使我的丈夫出差在外,也不得不打电话给出租车公司,让他们派车去接佩卡。

一天早上,我叫男孩们起床。佩卡急着坐出租车去火车站，然后坐火车去某个博物馆。马蒂在帮我。我发现佩卡把背包忘在家里了，马蒂马上跟我说，佩卡今天不需要带书，他是去博物馆。我还跟邻居说到这件事，说作为弟弟的马蒂是如何照顾家里的。我们聊了不少。邻居建议我们在阿尔皮拉学校给佩卡找一名助教，帮助他改善社交。佩卡在学校里没有任何朋友。

即使我已经拿到了赫尔辛基阿斯伯格中心的证明，佩卡仍然无法在我们一直想要去的那所学校入学。证明上说佩卡最好去家附近的学校上学，这对他的个人健康来说是最好的。赫尔辛基市建议我提出正式申诉。

因此，我向县行政委员会发送了要求修正该情况的请求：

> 我担心我的儿子在被迫面对生活的重大变化（我们最近搬家了）后，有被边缘化的危险。我认为他有权去

小孩佩卡：与阿斯伯格同行

当地的一所学校读书，这将促进他融入社区。这也是我从专家那里获得的建议，他认为这是我儿子的最佳选择。在解决我儿子的学校问题时，必须考虑到他被诊断出有阿斯伯格综合征。他在判断距离、改变策略和长途旅行方面都有困难。因此，让他去距离超过9公里，并需要乘坐两种不同的交通工具才能到达的阿尔皮拉学校，是不合理的，尤其是想到其中的危险性以及所需的心理成熟度。但是这是我们被安排的解决方案，作为不去家附近学校的替代方案。

我接着等待答复。从佩卡的举动中可以看出，在阿尔皮拉的学校里发生了一些事情。他告诉我，有一个男孩被打了，佩卡看到一辆救护车去了学校。我打电话给学校，想要了解发生了什么事。原来是之前毕业的一个学生回了学校，对他的母校造成了严重破坏。我对学校所在的区域一无所知，因此我开始胡思乱想。

搬家

有一段时间，岁月静好。一天，我丈夫在家，他开车送佩卡提早上学。那天是体育日，孩子们要去滑雪。佩卡之前没有尝试过滑雪，但那天一切进展顺利。他的老师看起来很可靠，我很高兴。

家里年纪处于中间的孩子往往没有年龄最大和最小的孩子得到的注意那么多。但是佩卡和其他孩子不一样，打乱了这个常规。他常常对弟弟们无理取闹。例如，有时候，无论我怎么阻止，他都无休止地重复一些令人讨厌的词来嘲笑马蒂。还有的时候，他又会与弟弟开启一场似乎永无止境的战斗，他甚至会不小心打到我。

他的阿斯伯格明显让他的举止变得更坏了。让他停止不好的行为和同情他人都变得更加困难。我教育过所有孩子，打人是不被允许的。我认为佩卡学到这一点是非常重要的。我和安蒂都反复告诉佩卡，无论如何，打母亲这件事都是不被允许的。我想把它印在他的脑子里。幸运的是，

小孩佩卡：与阿斯伯格同行

随着他长大，我看到他已经记住了这一信息，并且知道如何控制自己。

孩子们在汽车后座打架使我很难专心开车。不过，作为车上唯一的成年人，我不得不安抚自己的神经。即使在车外，让佩卡停止打架也是非常困难的。威胁、禁止和贿赂都不管用。似乎唯一可行的方法是开始谈论完全不同的事情，忽略刚刚引起打架的事情，争斗才会慢慢地缓和下来，我便可以再次专心开车。终于和平了。

孩子们不睡觉。这些男孩有太多的能量要燃烧，而我只是想闭上眼睛休息。但是，在我可以那么做之前，我必须让男孩们都去睡觉。我一一去他们的卧室，关掉灯。我恳求他们，说我也想上床睡觉。终于，我看到他们三个人都睡着了。

或早或晚，持续的、无目性的行为将会变得非常乏味。

以失业者为例，他们常常感到沮丧，以至于无法有效地、创造性地利用他们的闲暇时间。有工作的人通常会用业余爱好和其他活动作为工作的补充。我曾与马库谈论过这种现象，他也谈到了自己感到的压力。马库那时候已经搬到了芬兰中部的于韦斯屈莱，无法再像以前那样安慰我了。他本来想将我们的关系提高到一个新的阶段，但我想为自己的婚姻再努力一下。我丈夫被我动摇的情感吓到了，觉得有必要更好地了解我。我们的关系更亲密了。我们想再要一个孩子。

少量的压力是良好的动力来源，有研究证据支持这一论点，我自己也相信。我看到咖啡如何短暂有效地缓解疲劳。随着年龄的增长，感到疲劳是很正常的。年轻时可以整夜熬夜聚会，老了之后就不行了。随着孩子长大，人的生活管理技能也会大大改善。

累是一件好事，这是健康的迹象。如果你感受不到疲倦，那你可能已经超负荷了。如果累了，就让自己睡一觉。我真希望我有时间睡觉。

有一天我犯了一个错误。我做的比萨粘在了纸上。原来是我不小心把蜡纸当作了烘焙纸。我把纸的外面弄湿，等它成片状后再撕下来。

第二天，马蒂提到了这件事，说："妈妈，你可以将蜡纸和烘焙纸放在不同的抽屉中，或者在盒子上写上这是什么纸，这样一来就不会弄混了。"

"妈妈，过来帮我关灯。"问题不是如何满足需求，而是理解什么才是安全感和权利。"我也是。"弟弟马蒂说。我关掉电视，关上橱柜，翻开书看了几段。"稍微等一下。好了，现在可以关了。"

测试，测试

安蒂要去服兵役了。他问我有多少家人要来看他的新兵入伍宣誓。所有家人都去了。然而，在仪式上有太多应征者，我们甚至都没有看到安蒂。

男孩们正在玩英语在线游戏。马蒂的电话响了，他朝着佩卡大叫，让他过来。来电话的人说了下游戏里的情况，想知道要怎么玩。佩卡告诉马蒂该说些什么，然后马蒂在电话里传话。男孩们花了很多时间帮助他们的朋友们。

小孩佩卡：与阿斯伯格同行

电脑成了孩子们的玩具。有趣的是，我记得以前电脑仅用于工作，而且并非每人一台。现在，必须有网络才能和朋友一起在线玩游戏。现在有了智能手机，购买虚拟物品变得很容易。佩卡非常重视他的电脑。

我带佩卡去验血，马蒂也来了。佩卡很生气，因为我为了不让他紧张，早上没有告诉他关于验血的事情。他要求我检查化验室是否有麻醉药膏。我把他从沙发上拉起来，给他穿好衣服，并将他推出门，我们终于出发了。在路上，佩卡威胁说要打开身旁的车门。我很生气，说那样会把车弄坏，而我不打算花钱去修。最终，我们安全到达了验血的地方。

我们前往 3 楼。一个很高大、看上去很奇怪的男人和我们一起乘电梯。他站在门旁边，是我们到达 3 楼时第一个离开电梯的人。男孩们一句话没说。

给佩卡验血有点困难。一开始,他想看有没有麻醉药膏,结果他们没有。然后他想看注射器有多大。他一直在拖延时间,而马蒂在旁边一直催,一点都没有帮助缓解局势。后来我让马蒂去外面等。另一位护士进来帮忙。佩卡的紧张和痛苦到达了峰值。护士和佩卡开始倒计时,但没有成功。然后佩卡突然决定控制住自己,他完全静止不动,让他们抽了血。每个人都夸奖他,但他只是说他是个失败者。我也表扬了他的行为。

搭乘公共汽车时,我常常担心佩卡会说出不妥的话来。他有时会指责我,或者谈论一些非常私人的话题——那些通常在公共场合人们不谈论的事情。在他小的时候,我还担心他会提到其他乘客。

自嘲很困难,对于阿斯伯格综合征者而言更是如此。我希望佩卡能够做到这一点。他在某种程度上也学会了一些。安蒂让我为佩卡买了一张海报,一张狼的海报,其中

小孩佩卡：与阿斯伯格同行

有一只狼做嚎叫状。佩卡将海报挂在了他房间的墙上。佩卡有时候就像狼那样伸长了脖子叫,这会激怒我们其他人。

我会时不时地拥抱佩卡。由于阿斯伯格综合征,他有时会回避与人的接触。我想推倒他周围的墙。

佩卡将大理石球放在碗中,开始非常快速地旋转碗。他很兴奋,对着我大喊,说这是化学。我丈夫回答说:"如果有,那也是物理学。球在以圆周速度旋转。"马蒂也很兴奋。不知不觉中,厨房里到处都是碗和滚动的大理石球。

屋子里变得一团糟。男孩们的实验越来越复杂。锅碗瓢盆不见了,我也不紧张,我让自己尽量保持冷静。毕竟,我可以在晚上迟些时候去收拾。

佩卡喜欢做各种实验。我建议姐姐给他买一套化学用具,在他十三岁生日的时候送给他。他收到礼物后非常喜欢这套用具。他用自己制作的溶液给硬币抛光。那套化学用具里包含许多化学物质。佩卡发现厨房里有一些相同的化学材料，例如醋。他想自己保存一些化学材料，所以他也会去厨房里找自己需要的东西。我仍然记得他做出来的"火山"——火山喷发的过程非常逼真。我希望他做的这些实验能帮助他在学校取得更好的成绩。

脑研究取得了很大的进展，针对诸如阿斯伯格综合征之类的障碍有了新的见解。我曾经看过一张图片，是阿斯伯格综合征者的大脑和普通人大脑的对比。将来有一天，脑研究进展可能有助于为个体设计最佳干预方案。人们只要寻求帮助，就将能获得帮助。

抚养孩子有时很麻烦。我一直跟儿子们说，生气是可以的，但是不允许打人。尽管如此，佩卡还是把墙打出了洞。

每个人都需要有相信他们的人。尽管如此，佩卡仍很

小孩佩卡：与阿斯伯格同行

少获得夸奖。我发现佩卡生活中有三个人非常重要，我、我的母亲和我母亲的母亲。佩卡经常想起他的曾祖母西尔维，她几年前去世了。

最近，我们发现我丈夫的哥哥（一位软件分析师）也有阿斯伯格综合征。在佩卡诊断之前，他就已经对自己有所怀疑了。当佩卡确诊后，他也决定去做诊断。我丈夫和他的哥哥关系并不好。他们在钱上有一些纠纷。他哥哥很小气，这让我丈夫非常不满。但当他得知哥哥的情况后，态度便彻底改变了。他开始给哥哥的家里提供帮助。并且他们像以前一样，定期去拉普兰一起旅行。

马蒂几次德语考试的分数都很低，他的老师有些担心。老师给我发了信息之后，我试着和马蒂聊这件事。我希望马蒂能够抱有更大的决心来完成作业。老师说，如果马蒂可以在课上听讲，不再画画，那么他会得到满分。还有，他必须按时上课，记得做作业。我试图和马蒂讲道理，告诉他需要更努力地学习，但他只是用手指塞住耳朵。老师告诉我，马蒂在学校和同学相处得很好，和女同学也如此。

佩卡喜欢玩电脑游戏。我不准他玩线上订阅付费的那些游戏，因为我听说有的男孩在网上玩游戏花了不少钱。

我也不准男孩们在花园里打球，因为噪声太大了。我有很多的"不准"。不过，他们可以去足球队踢球，虽然教练有时会让他们做替补。我不知道我的儿子们在哪支球队里，但我知道安蒂和马蒂都有自己的球队，佩卡和他的同学在一个队。我本来希望我的丈夫对儿子们的爱好有所兴趣，但我也接受了他没有时间开车送他们去踢球这件事。我从未跟佩卡的教练提过他的状况。我想，佩卡最好能有一次不被贴标签的机会。我还想试一下，看看他们是否注意到佩卡有什么特别之处。

有一天，我接到了佩卡的足球教练打来的电话。他要

小孩佩卡：与阿斯伯格同行

我确保佩卡坚持踢足球。他说佩卡非常有天分。不过，教练也补充说，佩卡在球队有点不自在，不怎么交际。但他对比赛很敏锐，这才是最重要的。

后来有一次我告诉佩卡，一些有阿斯伯格综合征的孩子有时会把球踢入自己的球门。佩卡想知道怎么会有人如此愚蠢。

有时我们会在家里举行家庭会议。我仍然记得有一天早上我们在开会，佩卡和马蒂都要和我分享他们的梦想，这让我进退两难。我尝试着协调当下的状况，但佩卡大喊："不，该我说话了！"马蒂却继续讲自己的故事，没有理会我的话。我试着让他们轮流说话，但没有用。

我喜欢画画，喜欢用彩色蜡笔在纸上画画。我买了蜡笔，想让孩子们和我一起画画。我向他们说明彩色蜡笔有多贵，告诉他们能够用任何颜色、画任何想要的东西的感觉真是太好了。第二天,儿子们的朋友过来了,也想用蜡笔画画。我让他们把我正在看的报纸当作画布。

我无法阻止外面世界的恐怖进入我们的家。如今,人们很难对外面世界正发生的事情充耳不闻。大家四处奔波,疾病和谣言如野火般蔓延。

我上次怀孕的时候,助产士对于我这个年纪的人还怕打针感到很震惊。她很好奇,如果我对简单的验血都如此害怕,还怎么生孩子。这让我很生气。我很想在这个不小的年纪再要一个孩子。我已经有三个孩子了,所以我认为自己是这方面的专家。我完全可以想象自己在推婴儿车的画面,重温每个珍贵的时刻。

他们告诉我,我怀的是双胞胎。这是我头一次知道这个消息,它让我产生了很多想法。所有的想法因为双胞胎的到来都成了双倍。我希望我更年轻一些。我当时在马戏团看戏,眼前是精心排练的剧情,里面的狗来回奔跑,但我的思绪却在别处。我眯起眼睛,试图集中注意力。但我看到的所有事物都是双倍的。

佩卡想要一只猫作为圣诞节礼物。如果不是因为我对猫过敏,我们可能会养一只。我们召集了一次会议,讨论解决方案。我能看出来,男孩们学会了享受我们的小型头脑风暴会议。不过,佩卡显然想有目的的、用一种完全不同的方式做事。

欺凌和其他事

我听见佩卡在谈论奇怪的事情,便赶紧问他发生了什么事。原来他在学校被欺负了。有人激烈地扭打他的头。我立即打电话给校长,他答应调查这件事。我说佩卡可以找出欺负他的人。但这所学校是一所没有年级之分的学校,这也意味着找到施暴者的难度更大。当老师们找佩卡问问题时,他否认了一切,也没有在他们给他看的照片中指认任何人。我没有精力去更深入地调查这一事件。我希望佩卡可以去维基区的学校读书。阿斯伯格综合征儿童更容易受到欺负,我有医生的声明解释这一点。

小孩佩卡：与阿斯伯格同行

我打电话给县行政委员会，接电话的官员非常友好，我之前为了佩卡的事情给他打过电话，他的声音听起来像我的堂兄。他说我们不在学区内，维基的那所学校需要更详细的调研信息。我不接受这套说辞，因为他们已经让马蒂入学了。学校和教育部承诺将在一个月内给出回复。也就是最终决议将在二月作出。

决议如期到了，结果对我们有利。但是，学校对该决议提出上诉，所以我无法休息，不得不提起反诉。我很着急。案子已提请行政法院处理。由于我丈夫一直不在，所以我只能自己来处理这个案件。我考虑也许要聘请律师。

我担心法律诉讼超出了我的能力范围。为什么学校要对将一个孩子添加到他们的学生名单中提出上诉？这是一个冷酷无情的世界，我对此感到很震惊。医生的证明似乎无关紧要，好像没人在乎什么才是对孩子最好的决定。我甚至让另一位阿斯伯格综合征专家帮我写了第二封证明，但仍然没有后续。我很茫然。

我和医生聊过了。他说,如果学校不接受佩卡,那把他强行送进去也许不是一件好事。医生说那所学校听起来像是一个负面的地方。如果佩卡不喜欢那里呢?我花了很多时间思考他说的话。但我认为,冲突只是发生在我和校长之间。我曾与马蒂低年级的老师讨论过佩卡的情况,他们说希望看到两个男孩都在这所学校。我希望高年级的老师也有相同的想法。

马蒂的十岁生日可谓是一场喧闹的狂欢,有十几个男孩做着各种滑稽的动作。我烤了一个蛋糕,做了装饰。男孩们立刻分食了蛋糕,大口喝下果汁。噪声太大了,我不得不设法让所有人安静下来。然而,最重要的是男孩们很开心。在聚会之前,马蒂一直担心他们没事做。我忘了买火柴,所以我们无法点燃蛋糕上的蜡烛。这下有要做的事情了,得想办法点燃蜡烛。后来我还是出门买了火柴。最后一切都很顺利。

小孩佩卡: 与阿斯伯格同行

对于学校的上诉,我的答复很简洁,只是陈述了事实:

> 现在的佩卡,每天坐出租车去阿尔皮拉上学。他已经习惯了出租车,但是我们仍然很难准确地知道出租车早上何时到达。未来我们可以顺利搭乘学校交通工具的概率也将继续减少。

佩卡在维基没有朋友,于是他和弟弟们接触的时间便增长了,这引起了他与弟弟之间的严重冲突。佩卡很难与自己同龄的孩子交朋友,如果他还能在放学后和同学在一起,一定能帮助他更好地发展和适应。但是他的学校在另一个地区,放学后他就没法和同学一起了。

佩卡的成绩介于 6.5 和 9.25,评分标准是 4~10。我与阿尔皮拉学校的教职工见了多次,包括校长、老师、学校的社工,以及心理医生。佩卡在有 30~35 名学生的大班上有些困难。跟其他孩子相比,佩卡明显在木工课和家政课上需要帮助。困难还不止这些。例如，这个学校是一所非分级学校，许多设施都位于主要的教学楼之外。老师经常不得不把佩卡送回班上，因为他会因为周围陌生的环境，以及全新的做事方式而感到手足无措。学校已经开始考虑给他请一位助教，帮助他更好地找到各种设施。

这种非分级学校会将学生分配到流动性小组，这对佩卡的社交也产生了负面的影响。在没有固定的社交联系的情况下，他很难再建立新的社交关系，因为每个学生都有自己的安排。

他们说，我们家附近的学校满员了，不能再招收更多的学生。我不认为有绝对的"满员"。这种满员是相对的，例如芬兰的公交车和日本的公交车。在日本，人口众多，乘车上下班的人得在狭小的空间里挤在一起。虽然我不是老师，但我确信学校可以发挥其创造性，再加一个孩子进去。我担心儿子的前途，不想看到他被边缘化。

小孩佩卡：与阿斯伯格同行

支持孩子的平衡发展是最重要的，或者至少应该尝试如此。儿童不应该面对过于复杂或过于简单的情况。我认为佩卡在阿尔皮卡学校的情况太复杂了。

我坚信，离家更近的一所正规学校会改善他的表现。去那里上学的话，佩卡能轻易在校外和同学见面，并且他对周围的环境也很熟悉。这所学校的课堂很"合适"，它的规模很小。有一些正在接受培训的即将成为教师的人也去那里上课。因为学校提供教师培训，所以上课时有很多成年人在场。对于佩卡来说，这也是另一个有利的因素。他们的课程涵盖了佩卡所修读的所有科目，并且学校的设施差不多都集中在一处。

我与阿尔皮卡的学校进行了协商，让佩卡在最后的春季学期完成七年级的所有内容，这样他就可以在八年级开始时转学。由于阿尔皮卡是一所非分级学校，所以学生不一定按年级学习课程。

如果家里有孩子,家可能会一直处于混乱和非理性之中。无法将所有事情计划到细枝末节,或者至少做不到那样。如果孩子处于十几岁的年纪,大人可能会下班回家后发现背包和鞋子乱扔在走廊地上,厨房一团糟。有人把面粉撒到了桌上和地板上。我的神经可能随时都是紧张的,唯一想做的就是休息一下。

为了早上有干衣服可以穿,衣服必须提前晾干。孩子们的床垫和毯子也是如此,不同的是床垫和毯子需要在晚上睡前就晾干。鞋也一样。如果忘了鞋的话,别人会想我是一个什么样的母亲呢?

晴天时,晾干衣服很容易。桑拿房也可以用来烘干衣服,不过这只是紧急时候的办法。我得小心别把整个房子烧了。一栋公寓楼里通常有一个单独的房间用来烘干衣服,或者配有烘干机。但这些设施不是随时可用的。

小孩佩卡：与阿斯伯格同行

在叠衣服方面，我从来都不是专家。丈夫和儿子们的身高体重各不相同，我不喜欢因为衣服叠错了而受到指责。我试着教孩子注意保持干净。每天早上，我都会检查他们的衣服是否整洁。

不管一个母亲多么努力，房子总是看起来很乱。我自己的母亲很爱干净，即使在教区办公室工作一天后回家，也很努力地维持家里的干净整洁。当然，她也让孩子们做了很多家务。

即使是最小的事情有时也会让我发疯。一天晚上，我醒来后听到佩卡的房间里传来一阵奇怪的嗡嗡声。他的电脑还开着，电脑的耗电让房间变得温度很高。为了让房间更凉爽，我们之前还装了台风扇。此时风扇也在嗡嗡作响。我把这两个电器都关了。

我做了一个梦，梦里的我想将所有的想法都写下来。

我能讲出很多发人深省、有趣的故事。我只是需要一点时间。

我的经验告诉我，学校放假后孩子绝对会玩疯了。幸运的是，丈夫也安排了假期，在孩子们放假后的第一周就回家了。我让马蒂在假期第2周去拜访外公外婆，然后将佩卡送去参加夏令营。

> 我出去看了看天气，凉飕飕的，风也大。我现在不想修剪草坪。也许明天或周末再干吧。
>
> 豌豆绿油油地簇拥在一起。这是多么奇妙的结构，豌豆的卷须靠着网罩来支撑。我希望孩子们同样聪明，能紧紧抓住父母并得到他们的注意。多大的风都不能将芽苗和网分开。

双胞胎

医生告诉我,我必须做好剖宫产的准备。我被这个想法吓坏了。孕期的最后几个月非常艰难,我担心自己没有精力坚持下去。值得庆幸的是,儿子们和丈夫在家里帮了不少忙。

剖宫产前几周,我被送进医院接受监测。这个地方是无菌环境。等待的过程很累,我还担心家里的孩子们。那时候是夏天,到处都是汗臭味。双胞胎在肚子里踢我,但感觉不像是两个孩子。我时常打嗝,但之前的怀孕经历也

双胞胎

让我习惯了这一点。

手术定于八月底进行。我很害怕。我回想起过去住院的经历,好奇四十四岁的年龄是不是太大了。等到双胞胎满十五岁的时候,我就快六十岁了。等到他们二十岁的时候,我就六十四岁了。我希望自己身体健康。我希望有个救星帮我,让我再次年轻起来。

手术后,双胞胎出生了。当我从朦胧的睡眠中醒来时,我看到了我的两个宝宝,完美的双数。之后伤口有些痛,得时常清洗,并需保持干爽。我把两个宝宝抱在怀里,一边一个。在他们出生之前,我们就已经为双胞胎的到来做好了准备,例如买双胞胎婴儿车。

安蒂、佩卡和马蒂都感到非常兴奋。刚好有两个宝宝,所以有两个男孩可以同时各抱一个。十二岁的佩卡特别喜欢照顾婴儿,但婴儿哭的时候他会感到很紧张。

小孩佩卡：与阿斯伯格同行

婴儿出生后不久，我就开始给他们喂奶了，他们开始喝奶后很快就找到了正确的节奏。如此自然的事情怎么会不是自然而然发生的呢？我记得马蒂以前比较懒，没有力气喝奶。护士注意到他的皮肤逐渐发黄，于是带他去进行了轻度的治疗。

我和丈夫决定给我们的婚姻第二次机会，开启全新的生活。我在此之前已经筋疲力尽了，只能在家之外寻求安慰。佩卡在学校的种种问题对我们所有人都造成了很大的负担。除了在财务方面，我的丈夫并不擅长为家庭担起责任。他的工作占用了他太多的时间，他有空闲的时候，仍然宁愿自己度过，如钓鱼、与朋友下棋或打台球。

法院最终作出了对我们有利的裁决，佩卡得以在家附近的学校上高年级。我再也不用担心他在阿尔皮拉被欺负了。

合适的学校

马蒂四年级的时候有了很多的朋友。我听到他说,他没有时间和每个人都一起玩。

佩卡去了新的学校。因为非常近,他可以走路上学。我们第一次参观学校的时候,我立刻意识到,这所学校对有阿斯伯格综合征的孩子来说很完美。他们用不同的颜色清楚地将不同主题的教室隔开。体育馆就在学校旁边。音乐教室里有很多乐器。一切都井然有序,和阿尔皮卡的学校完全不同。每个班级不超过 20 名学生,因为学校也在同

小孩佩卡：与阿斯伯格同行

时培训新老师。

我和学校不再进行有关是否需要助教的讨论了。佩卡很独立。

在六个月的时间里，双胞胎已经表现出了各自独特的个性。杰西会坐在地板上观察、微笑。乔纳斯会在地上爬，试着站起来。他跌倒了，头被撞了一下，开始哭，我把他抱了起来。他还是会不断地朝哥哥们爬过去，一遍又一遍地尝试。

双胞胎就像给我看门的小狗一样，不带上他们，我根本无法离开家。哥哥们也不能代替我的位置。杰西和乔纳斯同我寸步不离。

我的丈夫与双胞胎在一起的时间比与其他孩子在一起的时间多得多。但是，他仍然没有按照我想要的方式帮助我。我需要他在很多方面的帮助。幸运的是，为了在家的时间多一些，他确实重新安排了工作时间表。

晚上，双胞胎在哭。睡觉变成了几乎不可能的事情：一个孩子醒来，另一个很快也醒了。他们正在长牙，杰西已经长了两颗牙齿，乔纳斯马上要长第一颗。我丈夫睡着了，他似乎对噪声毫不介意。真烦人。他为什么这么容易睡着？

我去学校看了孩子们的在校评估。对于佩卡，我收到的都是积极的反馈。老师说他在数学方面特别有天赋，当然他在所有科目上都表现得很出色。他还擅长运动，而大多数有阿斯伯格综合征的孩子并不擅长运动。老师们喜欢谈论自己所教的科目。佩卡在学业上表现不错，但他仍然很少邀请朋友来家里玩。在家的时候，他大部分时间都待在电脑前。

小孩佩卡：与阿斯伯格同行

受到一些亲戚朋友的邀请，我们假期去拜访了他们。他们想看看双胞胎，当然还有我们其他人。旅行很麻烦，但我喜欢整个家庭都在一起度过的时光。当然，我们不得不偶尔停下来。双胞胎似乎在车上睡得很香，而佩卡一点都不喜欢旅行，他不断地抱怨，似乎很难受。

虽然两个双胞胎都被安排在旅行床上睡觉，但他们的自然睡眠节奏还是有些被打断了。幸运的是，在照顾双胞胎上，我得到了一些帮助。当我喂其中一个的时候，另一个通常坐在某个人的腿上。有时我和丈夫两人甚至还有机会去散步，就我们两个人。

回到家后，双胞胎又可以在夏天的温暖中晒太阳了。因为外面太热了，花园里的花有些下垂。我给花和灌木都浇了水。乔纳斯学会了坐，当然很快又倒了下去，所以我把他抱了起来。杰西看到了，立刻哭了起来。我用另一只胳膊抱着他。我不知道该怎么做才能让他们不哭。

合适的学校

当我把双胞胎带进屋里安慰的时候,他们安静了下来。我把他们放到地上,去厨房准备食物。其他的几个孩子在我姐姐的家里,我丈夫也去看他哥哥了。我很孤独,也很生气。

我们在家里各个角落都安装了婴儿防护措施,所以没有一处尖锐的地方。双胞胎刚学会站起来。有一次,乔纳斯从高脚椅爬上了桌子,幸运的是,我及时抓住了他。

我在厨房做饭时也一直盯着双胞胎。我把他们俩放在一堆枕头和玩具中。他们似乎玩得很开心。我的心里充满了喜悦之情——孩子们是我最宝贵的财富。

我把厨房的事情做完后,去给双胞胎喂奶,哄他们睡觉。房子里非常安静。我做完饭,摆好桌子。

教育铺就了人生的前进之路。有时我很好奇,儿子们

小孩佩卡：与阿斯伯格同行

长大后会是什么样子。最重要的是，我希望他们能开开心心地做自己想做的事情。佩卡说不知道以后想做什么，不过他还有时间可以思考这件事。他想过清晰、有条理的生活。他能想到最糟糕的事情就是被嘲弄和笑话。

安蒂申请了经济学专业，他正在追求自己的梦想。不过，选什么专业并不一定意味着最终将在这个领域工作。安蒂选择的路让我想到了自己一路走来的经历。

我不得不回去银行工作，因为我也要为乔纳斯和杰西找个好的托儿所。我们找了一段时间，但只找到了一个，开车过去还有些远。当然，还有其他一些离家更近的地方，但都满员了。安蒂出生的时候，我们没能让他进入市政府的托儿所。那时候，连私营的托儿所都很难进，所以有些母亲不得不留在家里照顾孩子。佩卡出生的时候，因为相关法律做了调整，所以我们能相对轻松地送他进托儿所。

合适的学校

相比于 20 年前,一切似乎都简单了很多。尽管如此,开车去托儿所也不是件轻松的事情。不过我已经习惯了送两个孩子。也许现在的我变得更平和了。

双胞胎快满一岁了。我们进城的时候,宝宝们的笑脸让很多女生都觉得他们俩可爱极了。回家之后,我拿掉了他们的尿布,这样他们就可以自由地爬来爬去。

有了双胞胎,就意味着所有的东西都要双倍。不能等一个孩子的衣服小了之后给另一个孩子穿。以前,佩卡就穿过安蒂的旧衣服,小了之后再给马蒂穿。

我慢慢认识了佩卡的同学和他们的父母。让人惊讶的是,佩卡的老师们对他的评价都很好。我对老师们合作共事的方式感到非常满意。我第一次可以坐下来,享受来自他们对佩卡的表扬。

梦

我还记得我做的一个梦,梦里我在过七十岁的生日。

梦里,我和丈夫的身材保持得都还不错。丈夫比我早一年过了他的七十岁生日。我七十岁的生日派对很盛大,亲朋好友们都参加了。在派对开始之前,我就处理好了新闻发布会的工作。丈夫给我帮忙。马蒂策划了整场派对,其他几个孩子也发挥了作用。孩子们给我送的礼物是一本混合的胶囊书,里面记下了我一路走来的历程。他们非常用心,里面甚至还有我一岁前的记录。书中有很多可以看

梦

的内容。但是由于它是胶囊,所以不能用作图片展示。这样更加私密,这个功能也十分有价值。

虽然我已经领养老金一段时间了,但我并不感觉自己老了。我和丈夫同时退休,这样我们可以颐养天年,照顾孙子孙女。我们有了5个孙子。那时双胞胎都各自有了女朋友,所以可能很快又会多几个孙子孙女。安蒂的孩子们已经长大成人了。一个是海蒂,二十岁,在学校学纤维专业;另一个是雅尔莫,十五岁,在一家有点远的学校上学。安蒂常常不在家。他在一家位于芬兰的跨国化工公司做欧洲业务经理。他以前学经济学,之后步入职场,也逐渐取得了成绩。

佩卡充分利用了自己的优势,控制了阿斯伯格综合征,还成为一名遗传学家。他揭露了孤独症的遗传因素,还因此出了名。他去世界各地同其他科学家会面,大部分情况都是搭乘新型飞机,但有时也乘坐传统的飞机。他不想仅

小孩佩卡：与阿斯伯格同行

在互联网上分享自己的知识,而是喜欢和人面对面交流。他的妻子也从事遗传学工作。他们有一个女儿,米尔卡,八岁,很擅长芭蕾。

马蒂在养老行业工作。我和丈夫两人都很了解现代的护理系统。不幸的是,社会对老年人的服务已经供不应求了。马蒂帮我们选择了最适合我们的。他也为我策划派对,因为他熟悉好的地点和路线。年轻的时候,他想当一名飞行员,但是现在社会变了,乘坐传统的飞机变成了一件很无趣的事情。新式飞机的原理完全不同了。幸运的是,马蒂去了医学院学习,最后在老人护理领域找到了工作。

马蒂和他的营养学家妻子育有两个孩子。两岁的洛阿和四岁的努阿。孩子们还很小,所以大部分时间住在露营拖车中。

双胞胎去了一所顶尖的大学,快要完成学业了。乔纳

梦

斯的专业是混合方法论,而杰西研究情报学。乔纳斯刚刚在一台顶针计算机上完成他的毕业论文。杰西研究的是热与光之间的差异。我希望他们都能尽快结婚。

孩子们和他们的家人每周都来看我们。他们似乎担心我们能否了解世界上正在发生的事情。如果安蒂的工作允许,他也会定期来看我们。当然,也许是因为媒体对我有兴趣,他们想确保我能不受媒体的影响安静地生活,所以才来看我们。每个人都在期待我的下一本书。但我不知道我应该出一本胶囊书,还是可供展示的书。

生活颠倒了过来。即使我们还不老,孩子们也会照顾我们。我们要做的只是坐在摇椅上发呆。有时我突然想去澳大利亚旅行,我会给一个孩子打电话,让他帮我安排新式飞机的旅行。

我写作不是被逼无奈,相反,我只是想写才写。我已经成为便签板写作方面的专家,所以写作的过程对我而言非常容易。佩卡帮我系统地整理了我的作品。我的丈夫处理媒体关系,负责联系出版社。我希望人们能像以前一样,对我的新书充满热情。

附录

什么是阿斯伯格综合征？

阿斯伯格综合征（Asperger syndrome，AS）是一种脑源性神经生物学障碍，会影响中枢神经系统。AS更常见于儿童，成年阿斯伯格综合征者较少，且男孩可能比女孩更常见。AS对智力没有任何影响，但会影响人的社交行为。有AS的人也常有激烈的感受。他们在语言、行为方式、执行控制上都有一些困难和限制。有AS的人通常会沉迷于某种爱好或兴趣。对于有AS的学生而言，小班授课往往会更有成效，一对一的学习效果最佳。用实际情境来举例，将作业视觉化，通常都对他们的学习有帮助。老师还可以尝试用具体、特定的术语来做解释，以帮助有AS

的学生更好地理解。此外,提前做好规划、对事情的发展保持预期也能帮助控制症状。与他们互动时,重要的是要认识到他们的优势,并提供办法弥补其劣势。

在 DSM-5 中,AS 被归类为孤独症谱系障碍。其表现通常因年龄和严重程度而有所不同。

图书在版编目（CIP）数据

小孩佩卡：与阿斯伯格同行 /（芬）赛拉·塞波（Saila Seppo）著；吴彤，杨静译. -- 北京：中国纺织出版社有限公司，2024.8

书名原文：UNDER GLASS: A LIFE WITH ASPERGER SYNDROME

ISBN 978-7-5229-1769-6

Ⅰ.①小… Ⅱ.①赛… ②吴… ③杨… Ⅲ.①儿童教育－特殊教育－家庭教育 Ⅳ.①G76②G78

中国国家版本馆 CIP 数据核字（2024）第 094050 号

责任编辑：王 羽　郭紫瞳　　　　　责任校对：王蕙莹
责任印制：王艳丽

中国纺织出版社有限公司出版发行
地址：北京市朝阳区百子湾东里 A407 号楼　邮政编码：100124
销售电话：010—67004422　传真：010—87155801
http://www.c-textilep.com
中国纺织出版社天猫旗舰店
官方微博 http://weibo.com/2119887771
北京华联印刷有限公司印刷　各地新华书店经销
2024 年 8 月第 1 版第 1 次印刷
开本：787×1092　1/32　印张：7.75
字数：89 千字　定价：52.00 元

凡购本书，如有缺页、倒页、脱页，由本社图书营销中心调换

原文书名：Under Glass: A Life with Asperger Syndrome

原作者名：Saila Seppo

Copyright © 2014 by Saila Seppo

Simplified Chinese edition copyright © 2024 by China Textile & Apparel Press

本书中文简体版经Saila Seppo授权，由中国纺织出版社有限公司独家出版发行。

本书内容未经出版者书面许可，不得以任何方式或任何手段复制、转载或刊登。

著作权合同登记号：图字：01-2023-5556